BERUFE KARTEN

Mittel- und südosteuropäische Ausgabe

Für die Berufs- und Migrationsberatung

Verlag BertelsmannStiftung

Kompetenzkarten

Berufekarten

Meine Berufserfahrung

MYSKILLS

#SHOWYOURSKILLS

Kompetenzkarten

Soziale und personale Kompetenzen identifizieren und Integrationsprozesse fördern

- Kartenset mit visualisierten Kompetenzen für eine erste Annäherung an Kompetenzerfassung
- Mehrsprachig und leicht in der Migrationsberatung anzuwenden

bertelsmann-stiftung.de/kompetenzkarten

Berufekarten

Berufliche Orientierung bieten und Kompetenzerfassung vorbereiten

- Ergänzung der Kompetenzkarten um berufliche Tätigkeiten
- Berufliche Interessen und Möglichkeiten aufzeigen

bertelsmann-stiftung.de/berufekarten

Meine Berufserfahrung

Berufserfahrung in 30 Berufen erfassen

- Selbsteinschätzung in 3 bis 5 Minuten
- Webbasiert, bildgestützt und auf 6 Sprachen frei verfügbar

meine-berufserfahrung.de

MYSKILLS

Berufliches Können in 30 Berufen testen

- Aussagekräftige Fremdeinschätzung der beruflichen Kompetenz in 3 bis 4 Stunden
- In Arbeitsagenturen und Jobcentern auf 6 Sprachen verfügbar, für Teilnehmer kostenlos

myskills.de

Tätigkeits-bereiche

Architektur

T_01

Abb. 1

Abb. 2

Abb. 3

Abb. 4

Arkitektura | Архитектура | Arhitektura

Architektura | Arhitectură | Архітектура

Typische Tätigkeitsfelder

- Stadt-, Regional- und Verkehrsplanung
  - Konzepte für bauliche/wirtschaftliche Entwicklung einer Stadt/Region entwickeln
  - Stadt-/Regionalentwicklungskonzepte umsetzen
  - Standortanalysen und Untersuchungen durchführen
  - Verkehrssysteme verbessern
- Vermessung, Geoinformation
  - Daten über Raum, Gelände und Umwelt erfassen und auswerten
  - Karten und Pläne erstellen
  - Pläne, Karten und Verzeichnisse aktualisieren

Beispielberufe

- Vermessungstechniker/in – Bergvermessung (Abb. 1)
- Vermessungstechniker/in – Vermessung (Abb. 2)
- Assistent/in – Geovisualisierung (Abb. 3)
- Geomatiker/in (Abb. 4)

Schulische und duale Ausbildungsberufe

- Assistent/in – Geovisualisierung

- Vermessungstechniker/in – Bergvermessung
- Vermessungstechniker/in – Vermessung
- Geomatiker/in

Spezialisierte und allg. Weiterbildungsberufe

- CAD-Fachkraft Bau

- Techniker/in – Bergbautechnik
- Techniker/in – Vermessungstechnik
- Techniker/in – Seevermessungstechnik

Akademische Berufe

- Architekt/in
- Geograf/in
- Ingenieur/in – Bau

Bau

T_02

Abb. 1

Abb. 2

Abb. 3

Abb. 4

Ndërtimi | Строителство | Građevina

Budownictwo | Construcții | Будівництво

Typische Tätigkeitsfelder

- Bauplanung und -leitung
- Hochbau
- Tiefbau
- Ausbau
- Gebäudetechnik

Beispielberufe

- **Hochbaufacharbeiter/in (Abb. 1 und B_20)**
- **Tiefbaufacharbeiter/in (Abb. 2 und B_27)**
- **Ausbaufacharbeiter/in (Abb. 3 und B_04)**
- Maurer/in (Abb. 4)

Schulische und duale Ausbildungsberufe

- Bautechnische/r Assistent/in
- Technische/r Assistent/in – Bautechnik

- Hochbaufacharbeiter/in
- Tiefbaufacharbeiter/in
- Ausbaufacharbeiter/in

Spezialisierte und allg. Weiterbildungsberufe

- Polier/in – Hochbau
- Werkpolier/in – Tiefbau
- Betriebsmanager/in – Bau- und Holztechnik

- Dachdeckermeister/in
- Straßenbauermeister/in
- Techniker/in – Bautechnik

Akademische Berufe

- Ingenieur/in – Bau
- Betriebswirt/in – Bauwirtschaft
- Ingenieur/in – Gebäudetechnik/Facility-Management

Chemie, Pharmazie

T_03

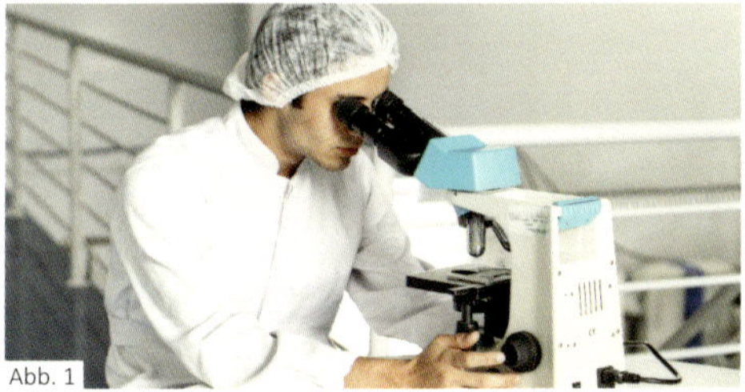

Abb. 1

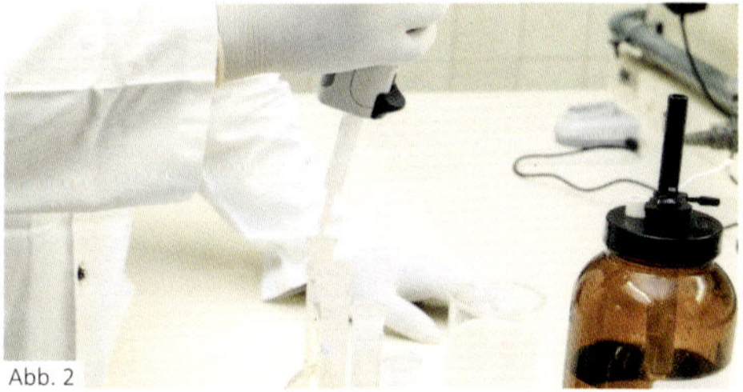

Abb. 2

Abb. 3

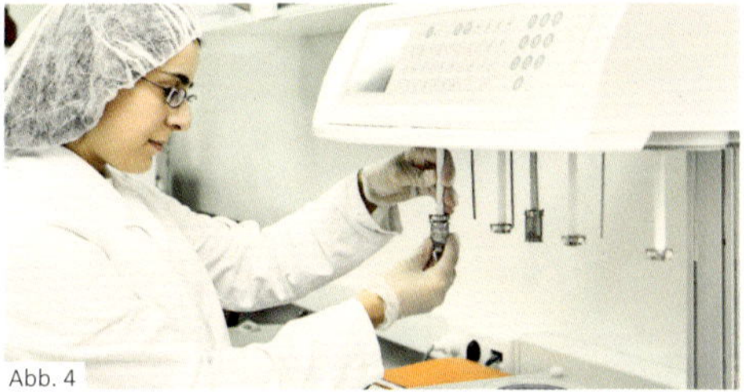

Abb. 4

Kimia, farmacia | Химия, фармация | Kemija, farmacija

Chemia, farmacja | Chimie, farmacie | Хімія, фармацевтика

Typische Tätigkeitsfelder

- Chemikalien- und Arzneimittelherstellung
  - chemische und pharmazeutische Produkte herstellen
  - Laboruntersuchungen und Versuche durchführen
- Pharmazeutische Beratung, Pharmavertrieb
  - pharmazeutische Produkte verkaufen
  - zu deren Eigenschaften bzw. Anwendung beraten

Beispielberufe

- Pharmazeutisch-technische/r Assistent/in (Abb. 1)
- Chemielaborant/in (Abb. 2)
- Chemikant/in (Abb. 3)
- Pharmakant/in (Abb. 4)

Schulische und duale Ausbildungsberufe

- Pharmazeutisch-technische/r Assistent/in
- Chemisch-technische/r Assistent/in

- Pharmakant/in
- Chemielaborant/in
- Chemikant/in

Spezialisierte und allg. Weiterbildungsberufe

- Pharmareferent/in
- Synthesetechniker/in – Chemie

- Industriemeister/in – Pharmazie
- Industriemeister/in – Chemie
- Techniker/in – Chemietechnik

Akademische Berufe

- Ingenieur/in – Pharmatechnik
- Apotheker/in
- Chemiker/in

Einkauf

Abb. 1

Abb. 2

Abb. 3

Abb. 4

Blerja | Снабдяване | Nabava

Zaopatrzenie | Achiziții | Закупівлі

Typische Tätigkeitsfelder

- Einkauf, Beschaffung
  - Material oder Dienstleistungen für ein Unternehmen beschaffen
  - Verhandlungen mit Lieferanten führen
  - Angebote vergleichen
  - Termine überwachen

Beispielberufe

- Kaufmann/-frau – Einzelhandel (Abb. 1)
- IT-Systemkaufmann/-frau (Abb. 2)
- Industriekaufmann/-frau (Abb. 3)
- Kaufmann/-frau – Groß- und Außenhandel (Abb. 4)

Schulische und duale Ausbildungsberufe

- Kaufmännische/r Assistent/in

- Kaufmann/-frau – Einzelhandel
- IT-Systemkaufmann/-frau
- Industriekaufmann/-frau

Spezialisierte und allg. Weiterbildungsberufe

- Kaufmännische/r Fachwirt/in
- Fachwirt/in – Bekleidung
- Technische/r Fachkaufmann/-frau – Werkzeuge/Maschinen

- Techniker/in – Bekleidungstechnik (Produktmanagement)
- Techniker/in – Schuhtechnik (Betriebstechnik)
- Techniker/in – Lebensmitteltechnik (Systemgastronomie)

Akademische Berufe

- Betriebswirt/in (Hochschule)
- Volkswirt/in
- Wirtschaftsingenieur/in

Elektro

Abb. 1

Abb. 2

Abb. 3

Abb. 4

Elektrike | Електрически съоръжения | Elektrika

Urządzenia elektryczne | Instalații electrice | Електрика

Typische Tätigkeitsfelder

- Elektrotechnik, Elektronik
- Informations- und Kommunikationstechnik
- Mikrosystemtechnik
- Mechatronik, Automatisierungstechnik

Beispielberufe

- **Elektroniker/in – Energie- und Gebäudetechnik (Abb. 1 und B_08)**
- **Industrieelektriker/in (Abb. 2 und B_21)**
- Technische/r Assistent/in – Elektronik und Datentechnik (Abb. 3)
- Elektroanlagenmonteur/in (Abb. 4)

Schulische und duale Ausbildungsberufe

- Elektrotechnische/r Assistent/in
- Technische/r Assistent/in – Elektronik und Datentechnik
- Technische/r Assistent/in – Mechatronik

- Elektroniker/in – Energie- und Gebäudetechnik
- Industrieelektriker/in
- Elektroanlagenmonteur/in

Spezialisierte und allg. Weiterbildungsberufe

- Prozessmanager/in – Elektrotechnik
- SPS-Fachkraft
- Technische/r Fachwirt/in

- Elektrotechnikermeister/in
- Industriemeister/in – Elektrotechnik
- Techniker/in – Elektromobilität

Akademische Berufe

- Ingenieur/in – Elektrotechnik
- Ingenieur/in – Automatisierungstechnik
- Ingenieur/in – Mechatronik

Energie

Abb. 1

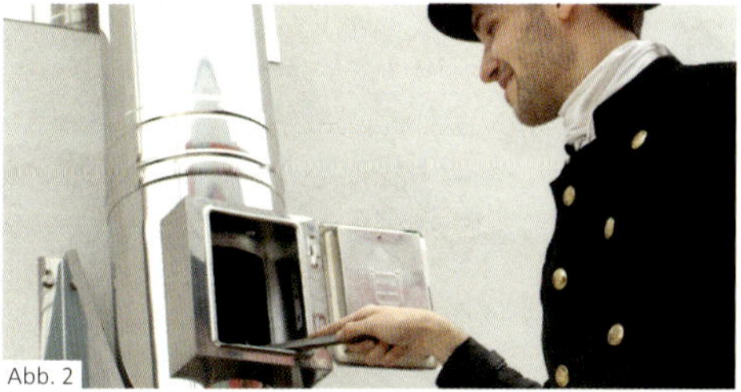

Abb. 2

Abb. 3

Abb. 4

Energjia | Енергетика | Energija

Energia | Energie | Енергетика

Typische Tätigkeitsfelder

- Energietechnik
  - elektrotechnische Maschinen und Anlagen produzieren
  - Anlagen/Maschinen montieren und installieren
  - Anlagen überwachen und warten
- Energieberatung und -management
  - Energiekonzepte erstellen
  - über Möglichkeiten der Energieeinsparung beraten
  - Energiekonzepte umsetzen
  - Vermarktung von Energie planen

Beispielberufe

- **Elektroniker/in – Energie- und Gebäudetechnik (Abb. 1 und B_08)**
- Schornsteinfeger/in (Abb. 2)
- Elektroanlagenmonteur/in (Abb. 3)
- **Industrieelektriker/in (Abb. 4 und B_21)**

Schulische und duale Ausbildungsberufe

- Energieelektroniker/in
- Energietechnische/r Assistent/in
- Technische/r Assistent/in – regenerative Energietechnik/Energiemanagement

- Elektroniker/in – Energie- und Gebäudetechnik
- Schornsteinfeger/in
- Industrieelektriker/in

Spezialisierte und allg. Weiterbildungsberufe

- Solartechniker/in
- Fachwirt/in – Umweltschutz
- Netzmonteur/in

- Techniker/in – Elektrotechnik (Energietechnik)
- Schornsteinfegermeister/in
- Kraftwerksmeister/in – Produktion Elektrotechnik/Leittechnik

Akademische Berufe

- Ingenieur/in – Energietechnik
- Ingenieur/in – Erneuerbare Energie
- Betriebswirt/in (Hochschule) – Umweltökonomie

Fahrzeugbau

T_07

Abb. 1

Abb. 2

Abb. 3

Abb. 4

Ndërtimi i automjeteve | Автомобилостроене | Konstruiranje vozila

Budowa pojazdów | Construcții de vehicule | Автомобілебудування

Typische Tätigkeitsfelder

- Kraftfahrzeugtechnik
- Land- und Baumaschinentechnik
- Luft- und Raumfahrttechnik
- Schiffbau
- Zweiradtechnik

Beispielberufe

- **Kfz-Mechatroniker/in – Pkw-Technik (Abb. 1 und B_22)**
- Fluggerätemechaniker/in (Abb. 2)
- Bootsbauer/in (Abb. 3)
- **Fachkraft – Metalltechnik (Konstruktionstechnik) (Abb. 4 und B_12)**

Schulische und duale Ausbildungsberufe

In diesem Tätigkeitsbereich gibt es keine schulischen Ausbildungsmöglichkeiten.

- Kfz-Mechatroniker/in – Pkw-Technik
- Fluggerätemechaniker/in
- Bootsbauer/in

Spezialisierte und allg. Weiterbildungsberufe

- Kraftfahrzeug-Servicetechniker/in
- Fachkraft – innovative Fahrzeugaufbereitung
- Zweirad-Servicetechniker/in

- Karosserie- und Fahrzeugbauermeister/in
- Industriemeister/in – Flugzeugbau/Luftfahrttechnik
- Techniker/in – Karosserie- und Fahrzeugbautechnik

Akademische Berufe

- Ingenieur/in – Fahrzeugtechnik
- Ingenieur/in – Luft- und Raumfahrttechnik
- Ingenieur/in – Schiffbau und Meerestechnik

Farben und Lacke

T_08

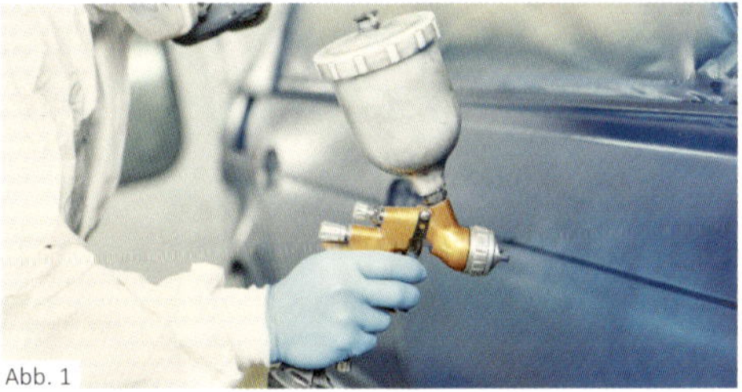

Abb. 1

Abb. 2

Abb. 3

Abb. 4

Ngjyrat dhe verniqet | Бои и лакове | Boje i lakovi

Farby i lakiery | Lacuri și vopsele | Фарби та лаки

Typische Tätigkeitsfelder

- Farben- und Lackherstellung, Beschichtung
  - **Beschichtungen mit Farben und Lacken erstellen**
  - **Beschichtungsstoffe und -verfahren entwickeln**

Beispielberufe

- Fahrzeuglackierer/in (Abb. 1)
- Verfahrensmechaniker/in – Beschichtungstechnik (Abb. 2)
- Maler/in und Lackierer/in – Restaurierungsarbeiten (Abb. 3)
- Gestalter/in – Farbtechnik/Raumgestaltung (Abb. 4)

Schulische und duale Ausbildungsberufe

In diesem Tätigkeitsbereich gibt es keine schulischen Ausbildungsmöglichkeiten.

- Fahrzeuglackierer/in
- Verfahrensmechaniker/in – Beschichtungstechnik
- Maler/in und Lackierer/in – Restaurierungsarbeiten

Spezialisierte und allg. Weiterbildungsberufe

- Gestalter/in – Farbtechnik/Raumgestaltung
- Fachkraft – innovative Fahrzeugaufbereitung

- Industriemeister/in – Lack
- Techniker/in – Farb- und Lacktechnik (Anwendungs-/Betriebstechnik)
- Techniker/in – Farb- und Lacktechnik (Gestaltung)

Akademische Berufe

- Ingenieur/in – Farben, Lacke
- Verfahrenstechniker/in
- Ingenieur/in – Chemie

Forschung, Entwicklung

Abb. 1

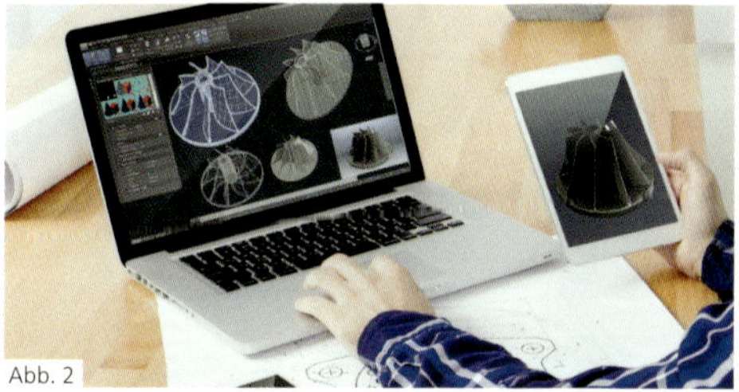
Abb. 2

Abb. 3

Abb. 4

Kërkimi, zhvillimi | Научноизследователска и развойна дейност (НИРД) | Istraživanje, razvoj

Badania, rozwój | Cercetare, dezvoltare | Дослідження та розробки

Typische Tätigkeitsfelder

- Wissenschaftliche Forschung
  - im jeweiligen Fachgebiet forschen und lehren
- Verfahrens- und Produktentwicklung
  - neue Produkte und Verfahren konzipieren und konstruieren
  - Produkte und Verfahren verbessern
  - Muster und Prototypen herstellen und testen
  - Serienfertigung vorbereiten

Beispielberufe

- Produktgestalter/in – Textil (Abb. 1)
- Technische/r Produktdesigner/in (Abb. 2)
- Technische/r Assistent/in – Mechatronik (Abb. 3)
- Technische/r Systemplaner/in – Stahl- und Metallbau-technik (Abb. 4)

Schulische und duale Ausbildungsberufe

- Assistent/in – Produktdesign
- Assistent/in – Maschinenbautechnik
- Technische/r Assistent/in – Mechatronik

- Produktgestalter/in – Textil
- Technische/r Produktdesigner/in
- Technische/r Systemplaner/in – Stahl- und Metallbautechnik

Spezialisierte und allg. Weiterbildungsberufe

- Prozessmanager/in – Produktionstechnologie
- Entwickler/in Digitale Medien
- Softwareentwickler/in

- Techniker/in – Bekleidungstechnik (Bekleidungsgestaltung)
- Techniker/in – Werkstofftechnik
- Industriemeister/in – Mechatronik

Akademische Berufe

- Textildesigner/in
- Produktentwickler/in
- Biologe/-in

Gastgewerbe

Abb. 1

Abb. 2

Abb. 3

Abb. 4

Sektori i hotelerisë | Хотелиерство и ресторантьорство | Ugostiteljstvo

Hotelarstwo i gastronomia | Industria ospitalității | Готельно-ресторанний бізнес

Typische Tätigkeitsfelder

- Hotellerie, Gastronomie
  - Gästebetreuung und -bewirtung organisieren
  - Gäste betreuen und bedienen
  - Arbeitsabläufe organisieren
  - Abrechnungen durchführen
  - Einhaltung von Servicestandards überwachen
- Speisenzubereitung
  - bestimmte Speisen zubereiten
  - das gesamte Angebot der Küche zubereiten
  - Arbeitsabläufe in der Küche organisieren
  - Lebensmittel bereitstellen

Beispielberufe

- **Fachkraft – Gastgewerbe (Abb. 1 und B_10)**
- **Koch/Köchin (Abb. 2 und B_24)**
- Hotelfachmann/-frau (Abb. 3)
- **Hauswirtschafter/in (Abb. 4 und B_19)**

Schulische und duale Ausbildungsberufe

- Fachkraft – Gastgewerbe
- Assistent/in – Systemgastronomie
- Assistent/in – Hotelmanagement

- Hotelfachmann/-frau
- Koch/Köchin
- Hauswirtschafter/in

Spezialisierte und allg. Weiterbildungsberufe

- Barmixer/in, Barkeeper/in
- Diätkoch/-köchin
- Sommelier/Sommelière

- Hotelmeister/in
- Küchenmeister/in
- Restaurantmeister/in

Akademische Berufe

- Betriebswirt/in (Hochschule) – Hotelmanagement
- Ökotrophologe/-in

Gestaltung

Abb. 1

Abb. 2

Abb. 3

Abb. 4

Dizajni | Дизайн | Dizajniranje

Projektowanie | Design | Дизайн

Typische Tätigkeitsfelder

- Textil- und Bekleidungsdesign
- Produkt- und Industriedesign
- Kunsthandwerkliche Gestaltung
- Innenarchitektur, Raumausstattung, visuelles Marketing

Beispielberufe

- Raumausstatter/in (Abb. 1)
- Designer/in (Ausbildung) – Mode (Abb. 2)
- Assistent/in – Produktdesign (Abb. 3)
- Assistent/in – Innenarchitektur (Abb. 4)

Schulische und duale Ausbildungsberufe

- Assistent/in – Innenarchitektur
- Designer/in (Ausbildung) – Mode
- Assistent/in – Produktdesign

- Raumausstatter/in
- Metallbildner/in
- Kunsttischler/in

Spezialisierte und allg. Weiterbildungsberufe

- Gestalter/in – Farbtechnik/Raumgestaltung
- Gestalter/in – Produktdesign
- Gestalter/in – Keramik

- Raumausstattermeister/in
- Keramikermeister/in
- Metallbildnermeister/in

Akademische Berufe

- Innenarchitekt/in
- Modedesigner/in
- Ausstellungsdesigner/in

Gesundheit

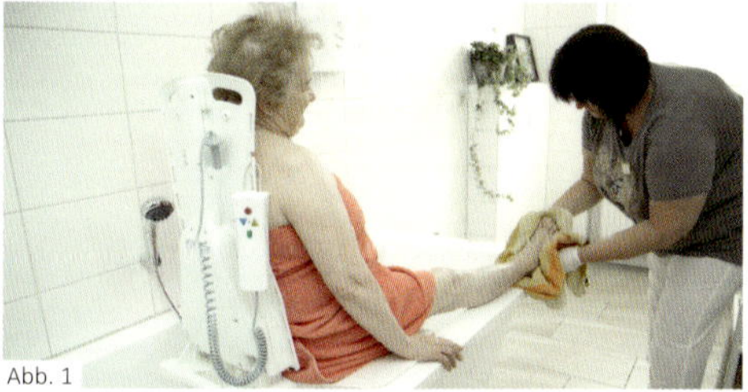
Abb. 1

Abb. 2

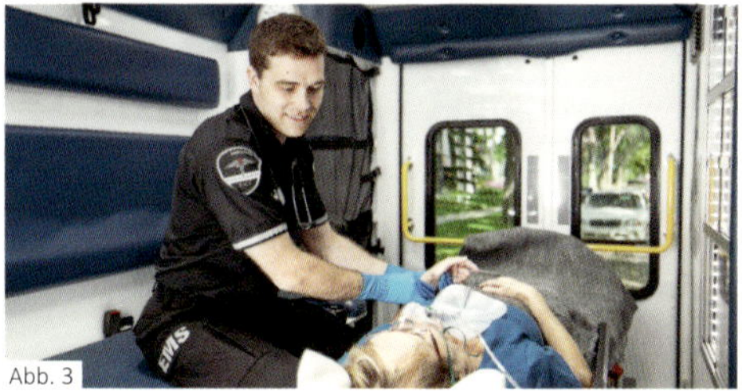

Abb. 3

Abb. 4

Shëndeti | Здраве | Zdravlje

Opieka zdrowotna | Sănătate | Здоров'я

Typische Tätigkeitsfelder

- Ärztliche Diagnostik und Therapie
- Nichtärztliche Behandlung, Therapie
- Arzthilfe, Praxisorganisation und -verwaltung
- Medizinisch-technische Assistenz
- Kranken- und Altenpflege, Geburtshilfe
- Gesundheitsberatung und -förderung
- Medizin-, Orthopädie- und Rehatechnik
- Rettungsdienst
- Psychologische Analyse, Beratung, Therapie

Beispielberufe

- **Altenpflegehelfer/in (Abb. 1 und B_01)**
- Gesundheits- und Krankenpfleger/in (Abb. 2)
- Notfallsanitäter/in (Abb. 3)
- Hebamme/Entbindungspfleger (Abb. 4)

Schulische und duale Ausbildungsberufe

- Altenpflegehelfer/in
- Notfallsanitäter/in
- Hebamme/Entbindungspfleger

- Gesundheits- und Krankenpfleger/in
- Zahnmedizinische/r Fachangestellte/r
- Kaufmann/-frau im Gesundheitswesen

Spezialisierte und allg. Weiterbildungsberufe

- Fachaltenpfleger/in – Klinische Geriatrie/ Rehabilitation
- Diabetesberater/in
- Heilerziehungspfleger/in – Psychiatrie

- Augenoptikermeister/in
- Orthopädietechnikermeister/in
- Zahntechnikermeister/in

Akademische Berufe

- Gerontologe/-in
- Psychologe/-in
- Zahnarzt/-ärztin

Hauswirtschaft

T_13

Abb. 1

Abb. 2

Abb. 3

Abb. 4

Ekonomia shtëpiake | Водене на домакинството | Domaće gospodarstvo

Gospodarstwo domowe | Gospodărie | Домоводство

Typische Tätigkeitsfelder

- Hauswirtschaft
  - **Privathaushalte und Großhaushalte führen, z.B. Heime, Krankenhäuser oder Kliniken**
  - **Verpflegung, Reinigung und Betreuung übernehmen**
- Haus- und Familienpflege
  - **hilfs- und pflegebedürftige Menschen in ihrem häuslichen Umfeld unterstützen**
  - **pflegerische oder hauswirtschaftliche Tätigkeiten übernehmen**
- Verbraucherberatung
  - **Verbraucher/innen zu bestimmten Themen beraten**
  - **Informationsveranstaltungen durchführen**
  - **Informationen recherchieren**
  - **Verbraucher/innen in Anhörungen, Gesprächen oder Verhandlungen vertreten**

Beispielberufe

- **Hauswirtschafter/in (Abb. 1 und B_19)**
- Fachkraft – Pflegeassistenz (Abb. 2)
- Sozialassistent/in (Abb. 3)
- Haus- und Familienpfleger/in (Abb. 4)

Schulische und duale Ausbildungsberufe

- Fachkraft – Pflegeassistenz
- Sozialassistent/in
- Haus- und Familienpfleger/in

- Hauswirtschafter/in

Spezialisierte und allg. Weiterbildungsberufe

- Fachhauswirtschafter/in
- Energieberater/in
- Betriebswirt/in (Fachschule) – Hauswirtschaft

- Meister/in – Hauswirtschaft
- Techniker/in – Ernährungs- und Versorgungsmanagement

Akademische Berufe

- Ökotrophologe/-in
- Energiemanager/in
- Ingenieur/in – Energietechnik

T_14

Holz

Abb. 1

Abb. 2

Abb. 3

Abb. 4

Druri | Дървесина | Drvo

Drewno | Lemn | Дерево

Typische Tätigkeitsfelder

- Holzbearbeitung und -verarbeitung
  - Holzwerkstoffe herstellen
  - Möbel herstellen
  - Bauelemente herstellen
  - Holzprodukte montieren und restaurieren

Beispielberufe

- **Tischler/in (Abb. 1 und B_28)**
- **Fachkraft – Möbel-, Küchen- und Umzugsservice (Abb. 2 und B_13)**
- Holzbearbeitungsmechaniker/in (Abb. 3)
- Zimmerer/-in (Abb. 4)

Schulische und duale Ausbildungsberufe

In diesem Tätigkeitsbereich gibt es keine schulischen Ausbildungsmöglichkeiten.

- Tischler/in
- Fachkraft – Möbel-, Küchen- und Umzugsservice
- Holzbearbeitungsmechaniker/in

Spezialisierte und allg. Weiterbildungsberufe

- Betriebsmanager/in – Bau- und Holztechnik
- Betriebswirt/in (Fachschule) – Möbelhandel
- Techniker/in – Holztechnik (Modell- und Formenbau)

- Tischlermeister/in
- Zimmerermeister/in
- Industriemeister/in – Holz

Akademische Berufe

- Holzwirt/in
- Ingenieur/in – Holztechnik

Instandhaltung

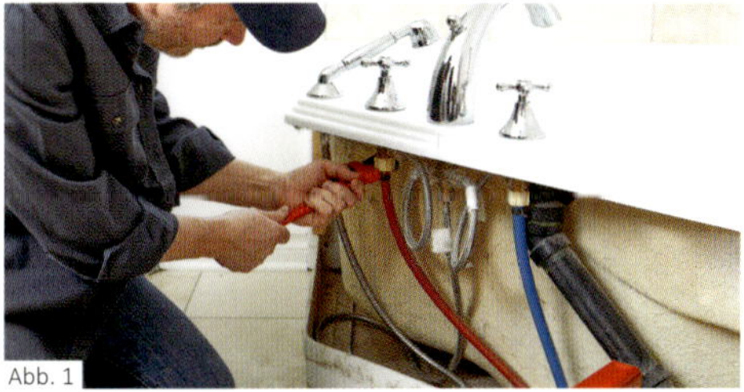
Abb. 1

Abb. 2

Abb. 3

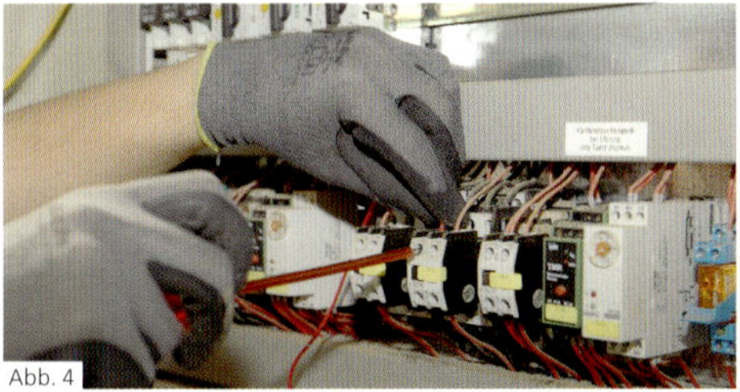
Abb. 4

Mirëmbajtja | Техническа поддръжка и ремонт | Održavanje

Bieżące utrzymanie | Întreținere | Технічне обслуговування

Typische Tätigkeitsfelder

- Wartung
  - für Betriebsbereitschaft von technischem Gerät, Maschinen und Anlagen sorgen
  - Wartungs- und Inspektionsarbeiten durchführen
- Instandhaltung
  - Reparaturen erledigen
- Kundendienst
  - Fehlermeldungen von Kunden bearbeiten

Beispielberufe

- **Anlagenmechaniker/in – Sanitär-, Heizungs- und Klimatechnik (Abb. 1 und B_03)**
- **Klempner/in (Abb. 2 und B_23)**
- **Fachkraft – Metalltechnik (Konstruktionstechnik) (Abb. 3 und B_12)**
- **Industrieelektriker/in (Abb. 4 und B_21)**

Schulische und duale Ausbildungsberufe

- Assistent/in für Automatisierungs- und Computertechnik
- Elektrotechnische/r Assistent/in
- Technische/r Assistent/in

- Anlagenmechaniker/in – Sanitär-, Heizungs- und Klimatechnik
- Klempner/in
- Fachkraft – Metalltechnik (Konstruktionstechnik)

Spezialisierte und allg. Weiterbildungsberufe

- Betriebsmanager/in – Sanitär- und Heizungstechnik
- Fachwirt/in – Handwerk
- Fachkraft – Gebäudetechnik

- Installateur- und Heizungsbauermeister/in
- Klempnermeister/in
- Meister/in – Rohr-, Kanal- und Industrieservice

Akademische Berufe

- Versorgungstechniker/in
- Ingenieur/in – Bau
- Produktionsingenieur/in

IT, Computer, Daten

Abb. 1

Abb. 2

Abb. 3

Abb. 4

IT, kompjuteri, të dhënat | ИТ, компютри, данни | IT, računala, podaci

Informatyka, komputery, dane | IT, computere, date | IT, комп'ютер, дані

Typische Tätigkeitsfelder

- IT-Anwendungsberatung und -Training
- IT-Koordination, -Organisation und -Management
- IT-Systementwicklung
- IT-Systemadministration
- Softwareentwicklung
- IT-Qualitätssicherung und -Testing
- IT-Sicherheit
- IT-Vertrieb
- Datenerhebung und -analyse

Beispielberufe

- **Fachinformatiker/in – Systemintegration (Abb. 1 und B_09)**
- Fachangestellte/r für Markt- und Sozialforschung (Abb. 2)
- Fachinformatiker/in – Anwendungsentwicklung (Abb. 3)
- Informatikkaufmann/-frau (Abb. 4)

Schulische und duale Ausbildungsberufe

- Assistent/in – Informatik
- Industrietechnologe/-in
- Medieninformatiker/in

- Fachinformatiker/in – Systemintegration
- Fachangestellte/r für Markt- und Sozialforschung
- Informatikkaufmann/-frau

Spezialisierte und allg. Weiterbildungsberufe

- IT-Berater/in
- Entwickler/in Digitale Medien
- Fachwirt/in – Computer-Management

- Techniker/in – Informatik (Netzwerktechnologie)
- Techniker/in – Informatik (Technische Informatik)
- Techniker/in – Informatik (Betriebsinformatik)

Akademische Berufe

- Ingenieur/in – Technische Informatik
- Sozialwissenschaftler/in
- Medieninformatiker/in (Hochschule)

Konstruktion

Abb. 1

Abb. 2

Abb. 3

Abb. 4

Konstruksioni | Конструкторска дейност | Konstrukcija

Konstrukcja | Construcții | Конструювання

Typische Tätigkeitsfelder

- Technisches Zeichnen, Konstruktion
  - Entwürfe, Pläne und technische Zeichnungen erstellen und bearbeiten
  - Berechnungen durchführen
  - technische Dokumentationen erarbeiten
- Modellbau
  - Modelle herstellen
  - Modellteile formen und montieren
  - Entwürfe und Zeichnungen erstellen

Beispielberufe

- Konstruktionsmechaniker/in (Abb. 1)
- Bauzeichner/in (Abb. 2)
- Technische/r Produktdesigner/in – Produktgestaltung und -konstruktion (Abb. 3)
- Technische/r Systemplaner/in – Stahl- und Metallbautechnik (Abb. 4)

Schulische und duale Ausbildungsberufe

- Industrietechnologe/-in – Automatisierungstechnik
- Elektrotechnische/r Assistent/in
- Assistent/in – Maschinenbautechnik

- Konstruktionsmechaniker/in
- Bauzeichner/in
- Technische/r Systemplaner/in – Stahl- und Metallbautechnik

Spezialisierte und allg. Weiterbildungsberufe

- Konstrukteur/in
- CAD-Fachkraft
- Pneumatik-Fachkraft

- Industriemeister/in – Metall
- Techniker/in – Bautechnik
- Techniker/in – Schiffbautechnik

Akademische Berufe

- Konstruktionsingenieur/in
- Architekt/in
- Schweißfachingenieur/in

Körperpflege

T_18

Abb. 1

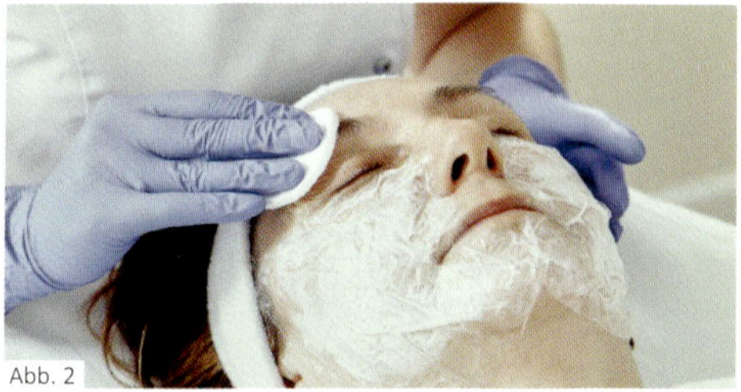

Abb. 2

Abb. 3

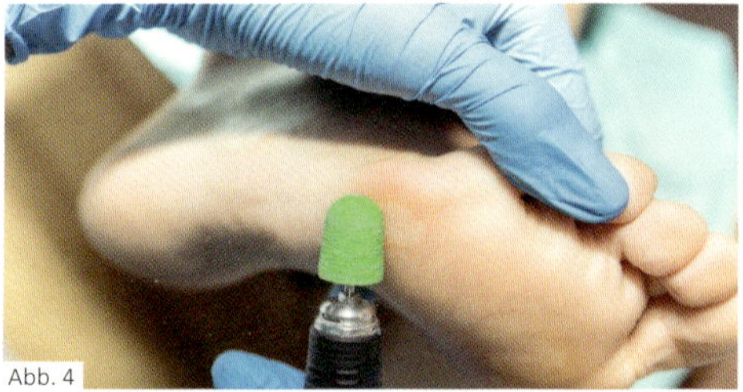

Abb. 4

Kujdesi i trupit | Грижа за тялото | Njega tijela

Pielęgnacja ciała | Îngrijire corporală | Догляд за тілом

Typische Tätigkeitsfelder

- Körperpflege
  - kosmetische Behandlungen ausführen
  - Haare stylen
  - Hände und Nägel pflegen
  - Kunden zu Behandlungen oder Styling beraten
- Bestattungswesen
  - Bestattungen und Trauerfeiern organisieren
  - Dienstleistungen rund um Grabanlagen erbringen
  - Hinterbliebene beraten

Beispielberufe

- **Friseur/in (Abb. 1 und B_16)**
- Kosmetiker/in (Abb. 2)
- Fachkraft – Beauty und Wellness (Abb. 3)
- Podologe/-in (Abb. 4)

Schulische und duale Ausbildungsberufe

- Fachkraft – Beauty und Wellness
- Podologe/-in

- Friseur/in
- Kosmetiker/in
- Bestattungsfachkraft

Spezialisierte und allg. Weiterbildungsberufe

- Meisterassistent/in – Kosmetik im Friseurhandwerk
- Biokosmetiker/in
- Fachwirt/in – Bestattung

- Friseurmeister/in
- Kosmetikermeister/in
- Bestattermeister/in

Akademische Berufe

- Kosmetologe/-in
- Maskenbildner/in (Hochschule)

Kultur

Abb. 1

Abb. 2

Abb. 3

Abb. 4

Kultura | Култура | Kultura

Kultura | Cultură | Культура

Typische Tätigkeitsfelder

- Theater-, Film- und Fernsehproduktion
- Veranstaltungs-, Kamera- und Tontechnik
- Moderation, Unterhaltung
- Kunst- und Kulturmanagement
- Ausstellungsmanagement und -planung
- Archäologische Ausgrabungen
- Restaurierung, Konservierung

Beispielberufe

- Fachkraft – Veranstaltungstechnik (Abb. 1)
- Fachkraft – Audiotechnik, Audio Engineer (Abb. 2)
- Maskenbildner/in (Ausbildung) (Abb. 3)
- Kulturmanager/in (Abb. 4)

Schulische und duale Ausbildungsberufe

- Fachkraft – Audiotechnik
- Audio Engineer
- Assistent/in – Innenarchitektur, Kulturmanager/in

- Fachkraft – Veranstaltungstechnik
- Maskenbildner/in (Ausbildung)
- Kaufmann/-frau – audiovisuelle Medien

Spezialisierte und allg. Weiterbildungsberufe

- Fachwirt/in – Veranstaltungen
- Aufnahmeleiter/in – Film und Fernsehen
- Drehbuchautor/in

- Meister/in – Veranstaltungstechnik
- Meister/in – Medienproduktion (Bild, Ton)
- Bühnenmeister/in

Akademische Berufe

- Veranstaltungstechniker/in
- Kunsthistoriker/in
- Maskenbildner/in (Hochschule)

Kunst

Abb. 1

Abb. 2

Abb. 3

Abb. 4

Arti | Изкуство | Umjetnost

Sztuka | Artă | Мистецтво

Typische Tätigkeitsfelder

- Bühnen- und Kostümbildnerei, Requisite
- Schauspiel, Tanz, Bewegungskunst
- Musik, Gesang, Komposition
- Musikinstrumentenbau
- Bildhauerei, Malerei, künstlerisches Zeichnen

Beispielberufe

- Bühnenmaler/in und Bühnenplastiker/in – Malerei (Abb. 1)
- Artist/in (Abb. 2)
- Holzbildhauer/in (Abb. 3)
- Klavier- und Cembalobauer/in (Abb. 4)

Schulische und duale Ausbildungsberufe

- Designer/in (Ausbildung) – Grafik
- Artist/in
- Ensembleleiter/in

- Bühnenmaler/in und Bühnenplastiker/in – Malerei
- Holzbildhauer/in
- Klavier- und Cembalobauer/in

Spezialisierte und allg. Weiterbildungsberufe

- Requisiteur/in
- Tanzpädagoge/-in
- Comiczeichner/in

- Techniker/in – Farb- und Lacktechnik (Gestaltung)
- Geigenbauermeister/in
- Holzbildhauermeister/in

Akademische Berufe

- Bühnenbildner/in
- Schauspieler/in
- Komponist/in

Kunststoff

Abb. 1

Abb. 2

Abb. 3

Abb. 4

Materiali plastik | Пластмаса | Plastika

Tworzywa sztuczne | Materiale plastice | Пластик

Typische Tätigkeitsfelder

- Kunststoff- und Kautschukherstellung und -verarbeitung
  - Kunststoffe bzw. Kunststoffelemente, Kautschuk und Gummi verarbeiten
  - Produkte montieren oder nachbearbeiten

Beispielberufe

- **Verfahrensmechaniker/in – Kunststoff-/Kautschuktechnik (Abb. 1 und B_29)**
- Mechaniker/in – Reifen- und Vulkanisationstechnik (Abb. 2)
- **Maschinen- und Anlagenführer/in (Abb. 3 und B_26)**
- Fachkraft – Metalltechnik (Montagetechnik) (Abb. 4)

Schulische und duale Ausbildungsberufe

In diesem Tätigkeitsbereich gibt es keine schulischen Ausbildungsmöglichkeiten.

- Verfahrensmechaniker/in – Kunststoff-/Kautschuktechnik
- Mechaniker/in – Reifen- und Vulkanisationstechnik
- Maschinen- und Anlagenführer/in

Spezialisierte und allg. Weiterbildungsberufe

- CNC-Fachkraft
- Technische/r Fachwirt/in
- Fachmann/-frau für kaufmännische Betriebsführung (HwO)

- Techniker/in – Kunststoff- und Kautschuktechnik
- Mechanikermeister/in – Reifen- und Vulkanisationstechnik
- Industriemeister/in

Akademische Berufe

- Ingenieur/in – Kunststofftechnik
- Ingenieur/in – Verfahrenstechnik
- Ingenieur/in – Chemietechnik

Lager, Logistik

Abb. 1

Abb. 2

Abb. 3

Abb. 4

Magazina, logjistika | Склад, логистика | Skladišta, logistika

Magazyn, logistyka | Depozite, logistică | Склад, логістика

Typische Tätigkeitsfelder

- Lager- und Materialwirtschaft, Logistik
  - Materialflüsse in Unternehmen, Transport- bzw. Versanddienstleistungen sowie Lagerhaltung organisieren
  - Be- und Entladearbeiten übernehmen
- Bau- und Transportgeräteführung
  - Baumaschinen und -geräte sowie Transportgeräte bzw. -anlagen bedienen und steuern
  - Geräte einrichten und warten

Beispielberufe

- **Fachlagerist/in (Abb. 1 und B_14)**
- Fachkraft – Kurier-, Express- und Postdienstleistungen (Abb. 2)
- **Fachkraft – Möbel-, Küchen- und Umzugsservice (Abb. 3 und B_13)**
- **Maschinen- und Anlagenführer/in (Abb. 4 und B_26)**

Schulische und duale Ausbildungsberufe

- Logistikassistent/in

- Fachlagerist/in
- Fachkraft – Möbel-, Küchen- und Umzugsservice
- Maschinen- und Anlagenführer/in

Spezialisierte und allg. Weiterbildungsberufe

- Fachkraft – Logistik/Materialwirtschaft
- Fachwirt/in – Güterverkehr und Logistik
- Hafenfacharbeiter/in

- Logistikmeister/in
- Meister/in – Kraftverkehr
- Techniker/in – Verkehrstechnik

Akademische Berufe

- Betriebswirt/in (Hochschule)
- Ingenieur/in – Verkehrswesen
- Produktionsingenieur/in

Landwirtschaft

T_23

Abb. 1

Abb. 2

Abb. 3

Abb. 4

Bujqësia | Селско стопанство | Poljoprivreda

Rolnictwo | Agricultură | Сільське господарство

Typische Tätigkeitsfelder

- Agrarwirtschaft
- Tierhaltung, -zucht und -pflege
- Forst- und Jagdwirtschaft
- Landschaftspflege
- Gartenbau
- Floristik
- Fischerei, Fischwirtschaft

Beispielberufe

- **Landwirt/in (Abb. 1 und B_25)**
- **Gärtner/in – Garten- und Landschaftsbau (Abb. 2 und B_17)**
- Tierwirt/in (Abb. 3)
- Forstwirt/in (Abb. 4)

Schulische und duale Ausbildungsberufe

In diesem Tätigkeitsbereich gibt es keine schulischen Ausbildungsmöglichkeiten.

- Landwirt/in
- Gärtner/in – Garten- und Landschaftsbau
- Tierwirt/in

Spezialisierte und allg. Weiterbildungsberufe

- Wirtschafter/in – Landwirtschaft
- Natur- und Landschaftspfleger/in
- Fachagrarwirt/in – Besamungswesen

- Landwirtschaftsmeister/in
- Techniker/in – Agrartechnik
- Fachwirtschaftsmeister/in – Fischhaltung und Fischzucht

Akademische Berufe

- Agrarwissenschaftler/in
- Landschaftsarchitekt/in
- Forstwirt/in (Hochschule)

Lebensmittel

T_24

Abb. 1

Abb. 2

Abb. 3

Abb. 4

Artikujt ushqimorë | Хранителни стоки | Živežne namirnice

Produkty spożywcze | Alimente | Продукти харчування

Typische Tätigkeitsfelder

- Getränkeherstellung
  - Zutaten vorbereiten
  - Zutaten zu alkoholischen und nichtalkoholischen Getränken verarbeiten
  - Produktionsmaschinen überwachen
  - fertige Getränke prüfen
- Lebensmittelherstellung
  - Rohstoffe zu Lebensmitteln verarbeiten
  - Produkte nach Rezeptur herstellen
  - Produktionsanlagen überwachen
  - Qualitätskontrollen durchführen

Beispielberufe

- **Fachkraft – Lebensmitteltechnik (Abb. 1 und B_11)**
- **Bäcker/in (Abb. 2 und B_05)**
- Brauer/in und Mälzer/in (Abb. 3)
- **Fachverkäufer/in – Lebensmittelhandwerk (Bäckerei) (Abb. 4 und B_15)**

Schulische und duale Ausbildungsberufe

- Lebensmitteltechnische/r Assistent/in

- Fachkraft – Lebensmitteltechnik
- Bäcker/in
- Fachverkäufer/in – Lebensmittelhandwerk (Bäckerei)

Spezialisierte und allg. Weiterbildungsberufe

- Brau- und Getränketechnologe/-in
- Verkaufsleiter/in im Lebensmittelhandwerk
- Wirtschafter/in – Milchwirtschaft und Molkereiwesen

- Techniker/in – Lebensmitteltechnik (Systemgastronomie)
- Bäckermeister/in
- Konditormeister/in

Akademische Berufe

- Ingenieur/in – Brauwesen und Getränketechnologie
- Ökotrophologe/-in
- Ingenieur/in – Lebensmitteltechnologie

Maschinenbau

Abb. 1

Abb. 2

Abb. 3

Abb. 4

Inxhinieria mekanike | Машиностроене | Strojarstvo

Budowa maszyn | Construcții de mașini | Машинобудування

Typische Tätigkeitsfelder

- Maschinen- und Anlagenbau
  - **Bauteile und Baugruppen bzw. komplette Maschinen und Anlagen herstellen und warten**
  - **den Betrieb überwachen**
  - **Maschinen und Anlagen konstruieren**
- Sanitär-, Heizungs- und Klimatechnik, Klempnerei
  - **versorgungstechnische Anlagen und Blechverkleidungen bauen und montieren**
  - **Anlagen konstruieren**
  - **Anlagen warten**

Beispielberufe

- **Maschinen- und Anlagenführer/in (Abb. 1 und B_26)**
- **Industrieelektriker/in (Abb. 2 und B_21)**
- **Anlagenmechaniker/in – Sanitär-, Heizungs- und Klimatechnik (Abb. 3 und B_03)**
- **Klempner/in (Abb. 4 und B_23)**

Schulische und duale Ausbildungsberufe

- Assistent/in – Maschinenbautechnik

- Maschinen- und Anlagenführer/in
- Industrieelektriker/in
- Anlagenmechaniker/in – Sanitär-, Heizungs- und Klimatechnik

Spezialisierte und allg. Weiterbildungsberufe

- Hydraulik-Fachkraft
- Kraftwerker/in
- CNC-Fachkraft

- Techniker/in – Maschinentechnik
- Industriemeister/in – Metall
- Klempnermeister/in

Akademische Berufe

- Ingenieur/in – Maschinenbau
- Ingenieur/in – Angewandte Mechanik
- Ingenieur/in – Elektrotechnik

Medien

Abb. 1

Abb. 2

Abb. 3

Abb. 4

Mediat | Медии | Mediji

Media | Mijloace media | ЗМІ

Typische Tätigkeitsfelder

- Medienproduktion (Print, Online, Multimedia)
- Mediendesign
- Fototechnik, Fotografie
- Redaktion, Journalismus, Lektorat
- Informationsbeschaffung, -erschließung und -aufbereitung

Beispielberufe

- Mediengestalter/in – Digital und Print (Abb. 1)
- Fotograf/in (Abb. 2)
- Buchhändler/in (Abb. 3)
- Medienkaufmann/-frau (Abb. 4)

Schulische und duale Ausbildungsberufe

- Gestaltungstechnische/r Assistent/in
- Medienassistent/in
- Kaufmännische/r Assistent/in/ Wirtschaftsassistent/in – Büro und Sekretariat

- Mediengestalter/in – Digital und Print
- Fotograf/in
- Buchhändler/in

Spezialisierte und allg. Weiterbildungsberufe

- Redakteur/in
- Fachwirt/in – Medien (Print)
- Layouter/in

- Techniker/in – Druck- und Medientechnik
- Fotografenmeister/in
- Industriemeister/in – Printmedien

Akademische Berufe

- Medienwissenschaftler/in
- Fotodesigner/in
- Medieninformatiker/in

Metall

Abb. 1

Abb. 2

Abb. 3

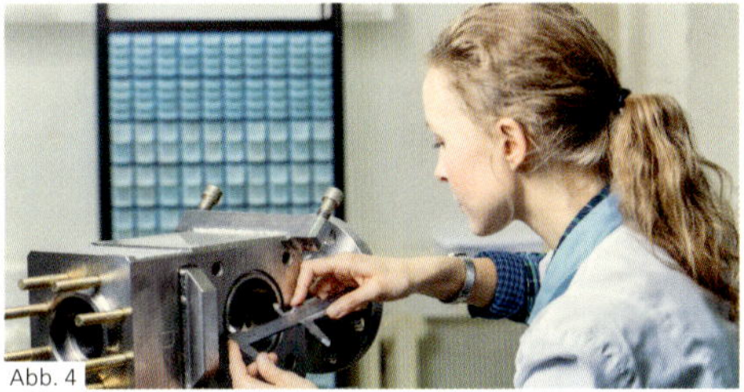
Abb. 4

Metali | Метал | Metal

Metal | Metal | Метал

Typische Tätigkeitsfelder

- Metallerzeugung und -umformung, Gießerei
- Metallbearbeitung
- Metallbau, Schweißen
- Metalloberflächenbehandlung
- Feinwerktechnik, Werkzeugbau

Beispielberufe

- **Fachkraft – Metalltechnik (Konstruktionstechnik) (Abb. 1 und B_12)**
- **Kfz-Mechatroniker/in – Pkw-Technik (Abb. 2 und B_22)**
- **Anlagenmechaniker/in – Sanitär-, Heizungs- und Klimatechnik (Abb. 3 und B_03)**
- Werkzeugmechaniker/in (Abb. 4)

Schulische und duale Ausbildungsberufe

- Assistent/in – Maschinenbautechnik

- Fachkraft – Metalltechnik (Konstruktionstechnik)
- Kfz-Mechatroniker/in – Pkw-Technik
- Werkzeugmechaniker/in

Spezialisierte und allg. Weiterbildungsberufe

- CNC-Fachkraft
- Schweißfachmann/-frau
- Technische/r Fachwirt/in

- Techniker/in – Metallbautechnik
- Kraftfahrzeugtechnikermeister/in
- Metallbauermeister/in

Akademische Berufe

- Ingenieur/in – Konstruktionstechnik
- Ingenieur/in – Feinwerktechnik
- Ingenieur/in – Materialwissenschaften

Naturwissenschaftliche Laboranalyse

T_28

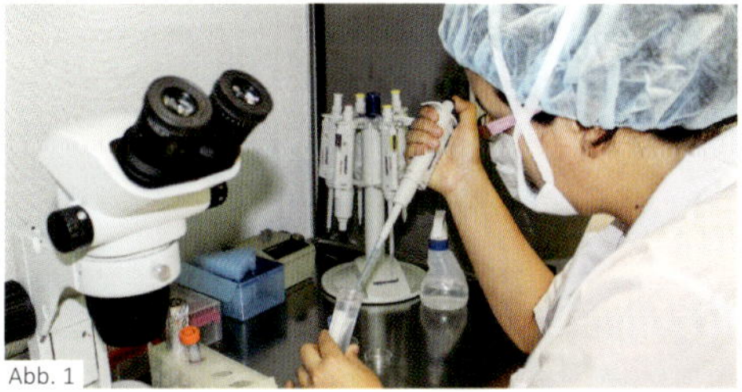

Abb. 1

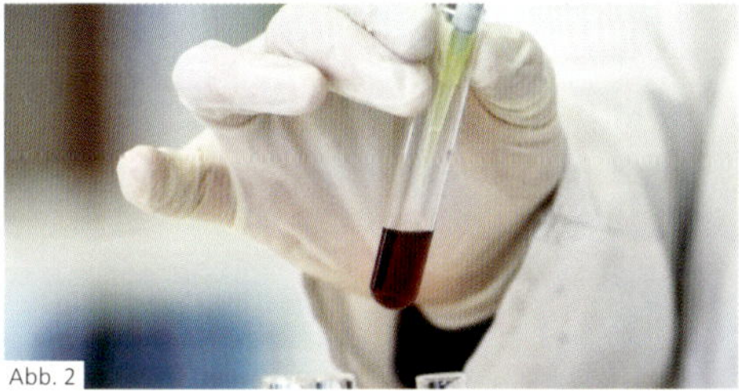

Abb. 2

Abb. 3

Abb. 4

Analiza laboratorike e shkencave të natyrës | Лабораторни анализи в областта на естествените науки
Prirodno znanstvena laboratorijska analiza | Przyrodnicza analiza laboratoryjna
Analize de laborator din sfera științelor naturii | Науковий лабораторний аналіз

Typische Tätigkeitsfelder

- Laboranalyse
  - Proben oder Objekte mit verschiedenen Verfahren untersuchen
  - Proben entnehmen und aufbereiten
  - Untersuchungsergebnisse auswerten und dokumentieren
- Präparation
  - Anschauungspräparate oder medizinische Präparate herstellen
  - Präparatesammlungen betreuen
  - bei Sektionen assistieren

Beispielberufe

- Biologielaborant/in (Abb. 1)
- Medizinisch-technische/r Laboratoriumsassistent/in (Abb. 2)
- Präparationstechnische/r Assistent/in (Abb. 3)
- Lacklaborant/in (Abb. 4)

Schulische und duale Ausbildungsberufe

- Biologisch-technische/r Assistent/in
- Medizinisch-technische/r Laboratoriumsassistent/in
- Präparationstechnische/r Assistent/in

- Biologielaborant/in
- Lacklaborant/in
- Milchwirtschaftliche/r Assistent/in

Spezialisierte und allg. Weiterbildungsberufe

- Biomedizinische/r Fachanalytiker/in

- Techniker/in – Biotechnik
- Techniker/in – Chemie (Umweltschutz)
- Milchwirtschaftliche/r Labormeister/in

Akademische Berufe

- Biologe/-in
- Analytiker/in – Chemie
- Umweltwissenschaftler/in

Pädagogik

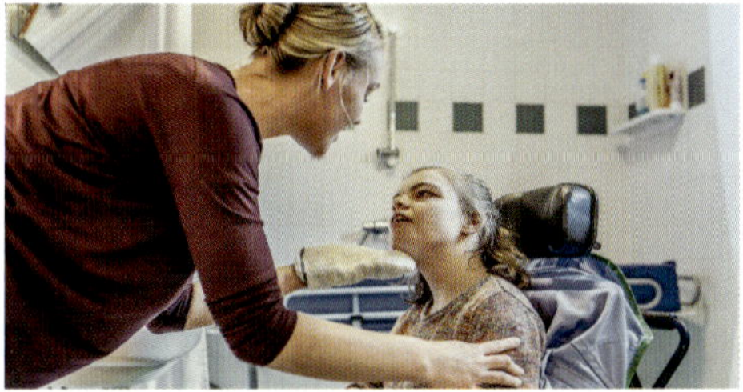

Pedagogjia | Педагогика | Pedagogija

Pedagogika | Pedagogie | Педагогіка

Typische Tätigkeitsfelder

- Kinderbetreuung und -erziehung
- Lehrtätigkeit an allgemeinbildenden Schulen
- Lehrtätigkeit an beruflichen/berufsbildenden Schulen
- Lehrtätigkeit an Hochschulen
- Lehrerausbildung
- Betriebliche Aus- und Weiterbildung
- Erwachsenenbildung
- Bildungs- und Berufsberatung
- Medien- und Kulturpädagogik
- Sprachunterricht
- Musikerziehung
- Kunsterziehung
- Sportunterricht
- Fahrunterricht

Beispielberufe

- Sozialassistent/in (Abb. 1)
- Heilerziehungspfleger/in (Abb. 2)
- Logopäde/-in (Abb. 3)
- Kinderpfleger/in (Abb. 4)

Schulische und duale Ausbildungsberufe

- Sozialassistent/in
- Logopäde/-in
- Kinderpfleger/in

In diesem Tätigkeitsbereich gibt es keine dualen Ausbildungsmöglichkeiten.

Spezialisierte und allg. Weiterbildungsberufe

- Erzieher/in
- Heilerziehungspfleger/in
- Aus- und Weiterbildungspädagoge/-in

In diesem Tätigkeitsbereich gibt es keine Techniker- oder Meisterweiterbildungsmöglichkeiten.

Akademische Berufe

- Sozialpädagoge/-in
- Lehrer/in
- Erziehungswissenschaftler/in

Papier

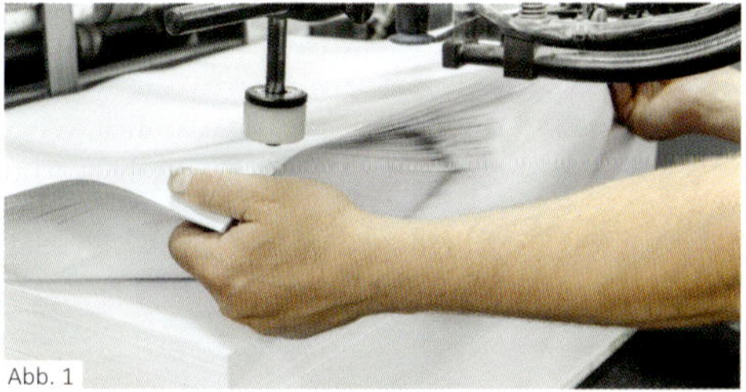

Abb. 1

Abb. 2

Abb. 3

Abb. 4

Letra | Хартия | Papir

Papier | Hârtie | Папір

Typische Tätigkeitsfelder

- Papierherstellung und -verarbeitung, Verpackungsmittelherstellung
  - **Papierprodukte herstellen und gestalten**
  - **Verpackungsmittel herstellen und gestalten**
  - **Herstellungsverfahren und -anlagen entwickeln**
  - **Verpackungsprozesse entwickeln**

Beispielberufe

- Papiertechnologe/-in (Abb. 1)
- Packmitteltechnologe/-in (Abb. 2)
- Medientechnologe/-in (Abb. 3)
- Maschinen- und Anlagenführer/in – Druckweiter- und Papierverarbeitung (Abb. 4)

Schulische und duale Ausbildungsberufe

In diesem Tätigkeitsbereich gibt es keine schulischen Ausbildungsmöglichkeiten.

- Papiertechnologe/-in
- Packmitteltechnologe/-in
- Medientechnologe/-in

Spezialisierte und allg. Weiterbildungsberufe

In diesem Tätigkeitsbereich gibt es lediglich Techniker- und Meisterweiterbildungsmöglichkeiten.

- Industriemeister/in – Papierherstellung
- Techniker/in – Lebensmitteltechnik (Lebensmittelverpackung)
- Industriemeister/in – Papier- und Kunststoffverarbeitung

Akademische Berufe

- Ingenieur/in – Papiertechnik
- Ingenieur/in – Verpackungstechnik
- Medientechnologe/-in – Druck (Hochschule)

Produktionsplanung und -steuerung

Abb. 1

Abb. 2

Abb. 3

Abb. 4

Projektimi dhe kontrolli i prodhimit | Планиране и управление на производството
Planiranje proizvodnje i upravljanje proizvodnjom | Planowanie i sterowanie produkcją
Planificarea și coordonarea producției | Планування та контроль виробництва

Typische Tätigkeitsfelder

- Arbeitsplatzgestaltung und -organisation
  - Arbeitsabläufe und Arbeitsplätze untersuchen und optimieren
  - Einhaltung von Normen kontrollieren
  - bei der Einführung neuer Arbeitsprozesse mitwirken
- Produktionsplanung und -steuerung
  - Fertigungs- und Arbeitsprozesse planen, organisieren und überwachen
  - Arbeitsschritte vorbereiten
  - Einsatz von Personal und Betriebsmitteln steuern
  - Einhaltung von Vorgaben und Terminen sicherstellen

Beispielberufe

- **Bauten- und Objektbeschichter/in (Abb. 1 und B_06)**
- Produktionstechnologe/-in (Abb. 2)
- Industriemechaniker/in (Abb. 3)
- **Verfahrensmechaniker/in – Kunststoff-/Kautschuktechnik (Abb. 4 und B_29)**

Schulische und duale Ausbildungsberufe

In diesem Tätigkeitsbereich gibt es keine schulischen Ausbildungsmöglichkeiten.

- Bauten- und Objektbeschichter/in
- Produktionstechnologe/-in
- Verfahrensmechaniker/in – Kunststoff-/Kautschuktechnik

Spezialisierte und allg. Weiterbildungsberufe

- Technische/r Betriebswirt/in

- Techniker/in – Farb- und Lacktechnik
- Techniker/in – Maschinentechnik (Produktionsorganisation)
- Industriemeister/in

Akademische Berufe

- Ingenieur/in – Chemie
- Verfahrenstechniker/in
- Ingenieur/in – Fertigungstechnik

Qualitätssicherung

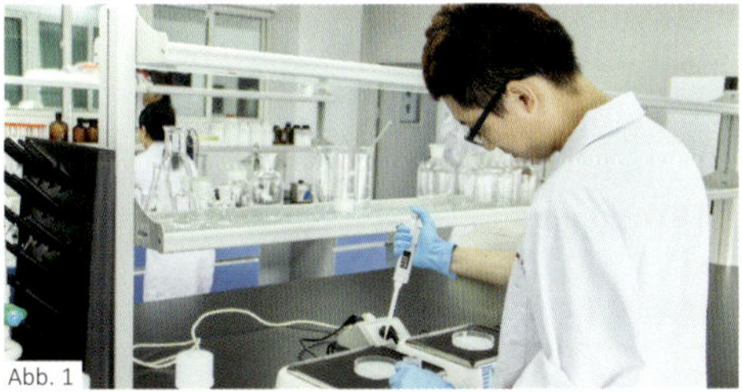
Abb. 1

Abb. 2

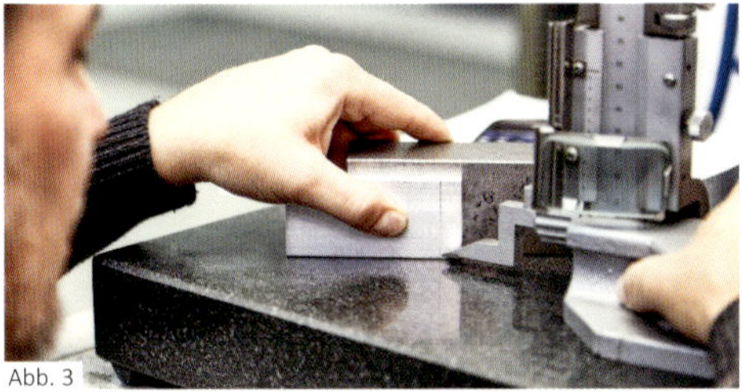
Abb. 3

Abb. 4

Menaxhimi i cilësisë | Осигуряване на качеството | Kontrola kvalitete

Zapewnienie jakości | Asigurarea calității | Забезпечення якості

Typische Tätigkeitsfelder

- Qualitätssicherung und -management
  - Materialien, Produkte oder Dienstleistungen auf ihre Qualität und die Einhaltung von Vorschriften und Normen prüfen
  - Prüf- und Qualitätsmaßnahmen einführen und überwachen
  - Qualitätsmanagementsysteme aufbauen und umsetzen

Beispielberufe

- Chemielaborant/in (Abb. 1)
- **Kfz-Mechatroniker/in – Pkw-Technik (Abb. 2 und B_22)**
- **Fachkraft – Metalltechnik (Konstruktionstechnik) (Abb. 3 und B_12)**
- **Berufskraftfahrer/in (Abb. 4 und B_07)**

Schulische und duale Ausbildungsberufe

- Assistent/in – Maschinenbautechnik
- Bekleidungstechnische/r Assistent/in
- Lebensmitteltechnische/r Assistent/in

- Chemielaborant/in
- Kfz-Mechatroniker/in – Pkw-Technik
- Fachkraft für Metalltechnik – Konstruktionstechnik

Spezialisierte und allg. Weiterbildungsberufe

- Qualitätsbeauftragte/r – Gesundheits-/Sozialwesen
- Güte- und Materialprüfer/in/Qualitätskaufmann/-frau
- Fachkraft – Qualitätssicherung/-management

- Industriemeister/in – Chemie
- Techniker/in – Kraftfahrzeugtechnik
- Getränkebetriebsmeister/in

Akademische Berufe

- Biochemiker/in
- Qualitätsmanager/in
- Bildungsmanager/in

Recht

Abb. 1

Abb. 2

Abb. 3

Abb. 4

E drejta | Право | Pravo

Prawo | Drept | Право

Typische Tätigkeitsfelder

- Rechtsberatung und -dienstleistungen
  - Mandanten und Unternehmen in Rechtsangelegenheiten beraten
  - deren Interessen vertreten
  - Sachverhalte juristisch bewerten
  - bei der Gestaltung von Verträgen mitwirken
- Rechtsprechung, Strafverfolgung
  - Gesetze anwenden und auslegen
  - Urteile sprechen, Straftaten verfolgen
  - Rechtsfragen in Unternehmen klären

Beispielberufe

- Rechtsanwaltsfachangestellte/r (Abb. 1)
- Notarfachangestellte/r (Abb. 2)
- Patentanwaltsfachangestellte/r (Abb. 3)
- Justizfachangestellte/r (Abb. 4)

Schulische und duale Ausbildungsberufe

In diesem Tätigkeitsbereich gibt es keine schulischen Ausbildungsmöglichkeiten.

- Rechtsanwaltsfachangestellte/r
- Notarfachangestellte/r
- Patentanwaltsfachangestellte/r

Spezialisierte und allg. Weiterbildungsberufe

- Rechtsfachwirt/in
- Inspektor/in – Notardienst
- Betriebswirt/in (Fachschule) – Recht

In diesem Tätigkeitsbereich gibt es keine Techniker- oder Meisterweiterbildungsmöglichkeiten.

Akademische Berufe

- Jurist/in
- Notar/in
- Richter/in

T_34

Reinigung

Abb. 1

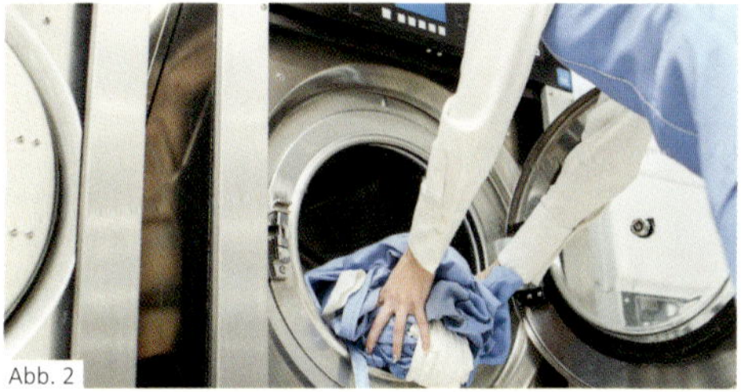
Abb. 2

Abb. 3

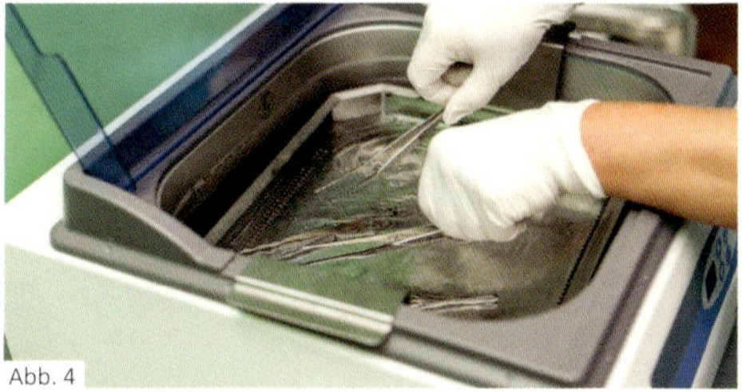
Abb. 4

Pastrimi | Почистване | Čišćenje

Sprzątanie | Curățenie | Прибирання

Typische Tätigkeitsfelder

- Reinigung
  - Gebäude, Fahrzeuge, Anlagen, Geräte reinigen
  - Reinigungsaufgaben organisieren
  - Pflegemaßnahmen durchführen
  - Kunden beraten

Beispielberufe

- **Gebäudereiniger/in (Abb. 1 und B_18)**
- Textilreiniger/in (Abb. 2)
- Fachkraft – Rohr-, Kanal- und Industrieservice (Abb. 3)
- Fachkraft – Medizinprodukteaufbereitung (Abb. 4)

Schulische und duale Ausbildungsberufe

- Fachkraft – Medizinprodukteaufbereitung

- Gebäudereiniger/in
- Textilreiniger/in
- Fachkraft – Rohr-, Kanal- und Industrieservice

Spezialisierte und allg. Weiterbildungsberufe

- Fachwirt/in Facility-Management
- Desinfektor/in
- Fachwirt/in Umweltschutz

- Gebäudereinigermeister/in
- Textilreinigermeister/in
- Techniker/in – Reinigungs- und Hygienetechnik

Akademische Berufe

- Abfall-, Entsorgungstechniker/in
- Textil-, Bekleidungstechniker/in
- Chemiker/in

Rohstoffe

Abb. 1

Abb. 2

Abb. 3

Abb. 4

Lëndët e para | Суровини | Sirovine

Surowce | Materii prime | Сировина

Typische Tätigkeitsfelder

- Rohstoffgewinnung
- Naturstein- und Mineralaufbereitung
- Glasherstellung und -verarbeitung
- Keramikherstellung und -verarbeitung

Beispielberufe

- Bergbautechnologe/-in (Abb. 1)
- Steinmetz/in/Bildhauer/in (Abb. 2)
- Glaser/in (Abb. 3)
- Keramiker/in (Abb. 4)

Schulische und duale Ausbildungsberufe

In diesem Tätigkeitsbereich gibt es keine schulischen Ausbildungsmöglichkeiten.

- Bergbautechnologe/-in
- Steinmetz/in/Bildhauer/in
- Glaser/in

Spezialisierte und allg. Weiterbildungsberufe

In diesem Tätigkeitsbereich gibt es lediglich Techniker- und Meisterweiterbildungsmöglichkeiten.

- Techniker/in – Bohrtechnik
- Steinbildhauermeister/in
- Glasermeister/in

Akademische Berufe

- Geophysiker/in
- Ingenieur/in – Geotechnik
- Ingenieur/in – Glas, Keramik, Bindemittel

Schutz und Sicherheit

T_36

Abb. 1

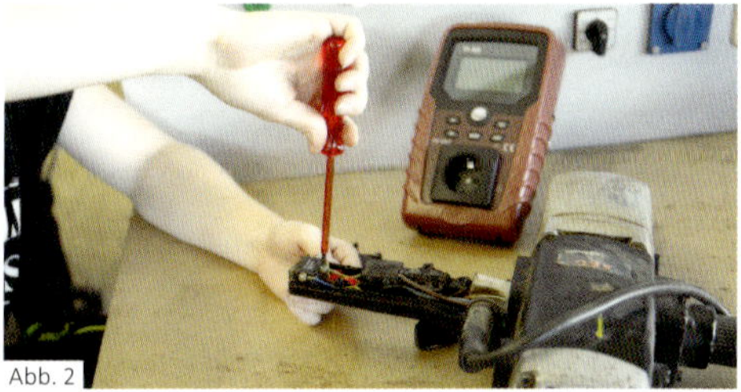

Abb. 2

Abb. 3

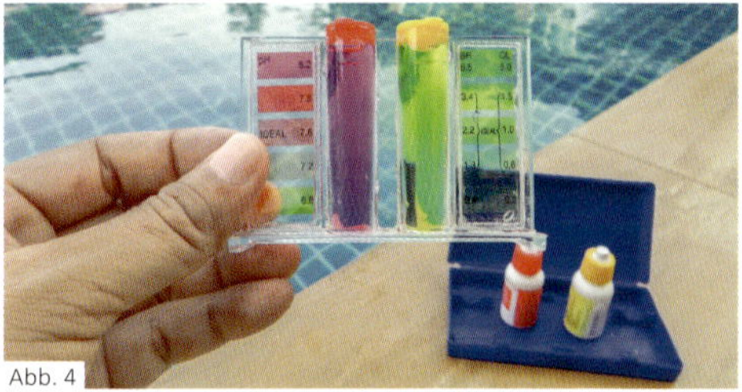

Abb. 4

Mbrojtja dhe siguria | Защита и сигурност | Zaštita i sigurnost

Ochrona i bezpieczeństwo | Siguranță și protecție | Захист та безпека

Typische Tätigkeitsfelder

- Schutz, Sicherheit und Überwachung
  - die Sicherheit von Menschen und Objekten überwachen und kontrollieren
  - bei Not- und Gefahrensituationen Hilfe leisten
  - Sicherheitsmaßnahmen planen
  - technische Schutz- und Sicherheitsausrüstung installieren und pflegen
- Militär, Wehrverwaltung und -technik
  - militärtechnisches Gerät bedienen und pflegen
  - Verwaltungsaufgaben übernehmen
  - unterstellte Soldaten und Soldatinnen führen
- Gutachter- und Sachverständigentätigkeit
  - Objekte auf ihren Wert untersuchen
  - Schadensfälle prüfen
  - Gutachten, Stellungnahmen und Expertisen erstellen

Beispielberufe

- Fachkraft – Schutz und Sicherheit (Abb. 1)
- **Elektroniker/in – Energie- und Gebäudetechnik (Abb. 2 und B_08)**
- Werkfeuerwehrmann/-frau (Abb. 3)
- Fachkraft – Hygieneüberwachung (Abb. 4)

Schulische und duale Ausbildungsberufe

- Gesundheitsaufseher/in/Hygienekontrolleur/in
- Amtliche/r Fachassistent/in (Fleischkontrolleur/in)
- Fachkraft – Hygieneüberwachung

- Fachkraft – Schutz und Sicherheit
- Werkfeuerwehrmann/-frau
- Elektroniker/in – Energie- und Gebäudetechnik

Spezialisierte und allg. Weiterbildungsberufe

- Brandschutzfachkraft
- Feuerwehrmann/-frau
- Security-Technician (Sicherheitstechniker/in)

- Meister/in – Schutz und Sicherheit
- Baumaschinenmeister/in
- Techniker/in – Spreng- und Sicherheitstechnik

Akademische Berufe

- Sicherheitsmanager/in
- Ingenieur/in – Sicherheitstechnik
- Informatiker/in (IT-Sicherheit)

T_37

Soziales

Abb. 1

Abb. 2

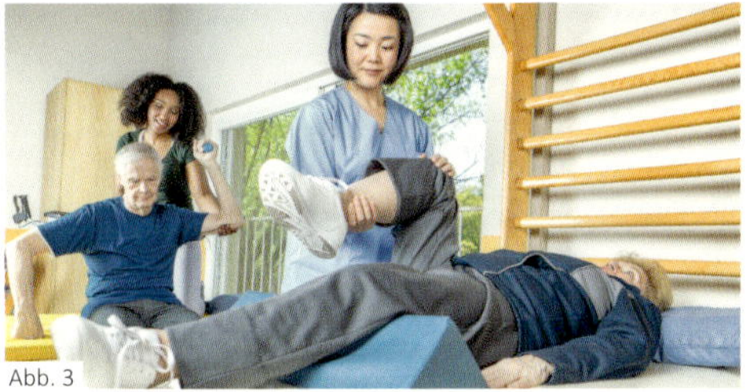
Abb. 3

Abb. 4

Çështje sociale | Социална сфера | Društveno

Sprawy społeczne | Servicii sociale | Соціальна сфера

Typische Tätigkeitsfelder

- Sozialberatung und -arbeit
- Heilerziehungspflege, Sonderpädagogik
- Sozial- und Gesundheitsmanagement
- Seelsorge
- Gemeindearbeit

Beispielberufe

- Sozialassistent/in (Abb. 1)
- Altenpfleger/in (Abb. 2)
- Ergotherapeut/in (Abb. 3)
- Sozialversicherungsfachangestellte/r (Abb. 4)

Schulische und duale Ausbildungsberufe

- Sozialassistent/in
- Altenpfleger/in
- Ergotherapeut/in

- Kaufmann/-frau – Gesundheitswesen
- Sozialversicherungsfachangestellte/r

Spezialisierte und allg. Weiterbildungsberufe

- Erzieher/in
- Fachwirt/in – Gesundheits- und Sozialwesen
- Sozialsekretär/in

- Meister/in – Hauswirtschaft

Akademische Berufe

- Sozialpädagoge/-in
- Sozialarbeiter/in
- Rehabilitationspädagoge/-in

Sport

Abb. 1

Abb. 2

Abb. 3

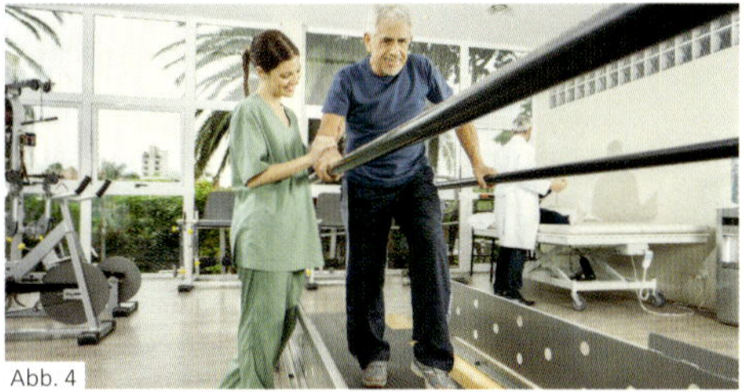

Abb. 4

Sporti | Спорт | Sport

Sport | Sport | Спорт

Typische Tätigkeitsfelder

- Sportmanagement
  - Sportaktivitäten organisieren und vermarkten
  - Sport- bzw. Übungsbetrieb planen und leiten
  - Sportevents durchführen
  - Sportangebote entwickeln und vermitteln

Beispielberufe

- Sportfachmann/-frau (Abb. 1)
- Sport- und Fitnesskaufmann/-frau (Abb. 2)
- Sportassistent/in (Abb. 3)
- Physiotherapeut/in (Abb. 4)

Schulische und duale Ausbildungsberufe

- Sportassistent/in
- Kaufmännische/r Assistent/in/Wirtschafts-assistent/in – Sportverwaltung u. -organisation
- Gymnastiklehrer/in

- Sportfachmann/-frau
- Sport- und Fitnesskaufmann/-frau
- Physiotherapeut/in

Spezialisierte und allg. Weiterbildungsberufe

- Fachwirt/in – Sport
- Fachwirt/in – Fitness
- Berufstrainer/in – Sport

In diesem Tätigkeitsbereich gibt es keine Techniker- oder Meisterweiterbildungs-möglichkeiten.

Akademische Berufe

- Sportmanager/in/Sportökonom/in
- Sportwissenschaftler/in
- Lehrer/in – Sport

Sprachen

Abb. 1

Abb. 2

Abb. 3

Abb. 4

Gjuhët | Езици | Jezici

Języki | Limbi | Мови

Typische Tätigkeitsfelder

- Callcenterdienstleistungen
- Dialogmarketing
- Dolmetschen
- Übersetzen

Beispielberufe

- Fremdsprachenkorrespondent/in (Abb. 1)
- Kaufmann/-frau – Dialogmarketing (Abb. 2)
- Fachkaufmann/-frau – Teleservice (Abb. 3)
- Dolmetscher/in/Übersetzer/in (Abb. 4)

Schulische und duale Ausbildungsberufe

- Fremdsprachenkorrespondent/in
- Fachkaufmann/-frau – Teleservice
- Dolmetscher/in/Übersetzer/in

- Kaufmann/-frau – Dialogmarketing
- Servicefachkraft – Dialogmarketing

Spezialisierte und allg. Weiterbildungsberufe

- Betriebswirt/in – Fremdsprachen
- Betriebswirt/in – Callcentermanagement
- Fremdsprachenkaufmann/-frau

In diesem Tätigkeitsbereich gibt es keine Techniker- oder Meisterweiterbildungsmöglichkeiten.

Akademische Berufe

- Anglist/in/Amerikanist/in
- Germanist/in
- Romanist/in

T_40

Steuern, Wirtschaftsprüfung

Abb. 1

Abb. 2

Abb. 3

Abb. 4

Tatimet, kontabiliteti | Данъци, одитиране | Porezi, revizija

Podatki, audyty gospodarcze | Impozite, audit | Податки, аудит

Typische Tätigkeitsfelder

- Steuerberatung
  - Privatpersonen und Unternehmen in steuerlichen Angelegenheiten beraten
  - Prüfungen durchführen
  - Mandanten vor Gericht vertreten
- Wirtschaftsprüfung
  - Prüfungen und Bewertungen von und in Unternehmen durchführen
  - zu steuerlichen und betriebswirtschaftlichen Fragen beraten
- Assistenz in Kanzleien und Notariaten
  - Anwälte/-innen, Notare/-innen und Steuerberater/innen bei rechtlichen Dienstleistungen unterstützen
  - bei der Mandantenberatung mitarbeiten
  - Schriftstücke vorbereiten

Beispielberufe

- Steuerfachangestellte/r (Abb. 1)
- Bankkaufmann/-frau (Abb. 2)
- Kaufmann/-frau – Büromanagement (Abb. 3)
- Notarfachangestellte/r (Abb. 4)

Schulische und duale Ausbildungsberufe

- Internationale/r Wirtschaftsfachmann/-frau

- Steuerfachangestellte/r
- Bankkaufmann/-frau
- Notarfachangestellte/r

Spezialisierte und allg. Weiterbildungsberufe

- Fachwirt/in – Steuer
- Bilanzbuchhalter/in
- Betriebswirt/in (Fachschule) – Finanzen und Investment

- Steuerberater/in
- Wirtschaftsprüfer/in

Akademische Berufe

- Betriebswirt/in (Hochschule)
- Ökonom/in
- Wirtschaftsjurist/in

Technisches Zeichnen

T_41

Abb. 1

Abb. 2

Abb. 3

Abb. 4

Vizatim teknik | Техническо чертане | Tehničko crtanje

Rysunek techniczny | Desen tehnic | Креслення

Typische Tätigkeitsfelder

- Technisches Zeichnen, Konstruktion
  - Entwürfe, Pläne und technische Zeichnungen erstellen und bearbeiten
  - Berechnungen durchführen
  - technische Dokumentationen erarbeiten

Beispielberufe

- Bauzeichner/in (Abb. 1)
- Technische/r Systemplaner/in – Stahl- und Metallbautechnik (Abb. 2)
- Technische/r Produktdesigner/in – Maschinen- und Anlagenkonstruktion (Abb. 3)
- Industrietechnologe/-in – Automatisierungstechnik (Abb. 4)

Schulische und duale Ausbildungsberufe

- Technische/r Systemplaner/in – Stahl- und Metallbautechnik
- Technische/r Assistent/in – Mechatronik
- Industrietechnologe/-in – Automatisierungstechnik

- Bauzeichner/in
- Technische/r Produktdesigner/in – Maschinen- und Anlagenkonstruktion

Spezialisierte und allg. Weiterbildungsberufe

- CAD-Fachkraft
- Konstrukteur/in
- Technische/r Fachwirt/in

- Industriemeister/in – Metall
- Techniker/in – Bautechnik
- Techniker/in – Feinwerktechnik

Akademische Berufe

- Vermessungstechniker/in/Geoinformatiker/in (Hochschule)
- Ingenieur/in – Maschinenbau
- Ingenieur/in – Bau

Textil

T_42

Abb. 1

Abb. 2

Abb. 3

Abb. 4

Tekstile | Текстил | Tekstil

Branża tekstylna | Textile | Текстиль

Typische Tätigkeitsfelder

- Textilherstellung und -veredelung
- Bekleidungsherstellung
- Technische Konfektion, Segelmacherei
- Polsterei, Fahrzeuginnenausstattung
- Leder- und Pelzherstellung und -verarbeitung

Beispielberufe

- **Änderungsschneider/in (Abb. 1 und B_02)**
- Textilgestalter/in (Abb. 2)
- Schuhmacher/in (Abb. 3)
- **Maschinen- und Anlagenführer/in (Abb. 4 und B_26)**

Schulische und duale Ausbildungsberufe

- Bekleidungstechnische/r Assistent/in

- Änderungsschneider/in
- Textilgestalter/in
- Schuhmacher/in

Spezialisierte und allg. Weiterbildungsberufe

- Gestalter/in – Bekleidung, Mode
- Produktentwickler/in (Mode)
- Schnitt-, Entwurfs- und Fertigungsmodelleur/-direktrice

- Industriemeister/in – Textilwirtschaft
- Techniker/in – Schuhtechnik (Betriebstechnik)
- Schuhmachermeister/in

Akademische Berufe

- Modedesigner/in
- Ingenieur/in – Bekleidungstechnik
- Ingenieur/in – Ledertechnik

Tourismus, Veranstaltungsmanagement

T_43

Abb. 1

Abb. 2

Abb. 3

Abb. 4

Turizmi, menaxhimi i evenimenteve | Туризъм, организиране на събития
Turizam, upravljanje manifestacijama | Turystyka, organizacja imprez
Turism, managementul evenimentelor | Туризм, організація заходів

Typische Tätigkeitsfelder

- Tourismus, Fremdenverkehr, Animation
  - touristische Dienstleistungen konzipieren und verkaufen
  - Reisen organisieren
  - Reisende betreuen
- Veranstaltungsmanagement und -service
  - Veranstaltungen konzipieren
  - Veranstaltungen betreuen
  - Kosten kalkulieren
  - Veranstaltungsmarketing und Öffentlichkeitsarbeit unterstützen

Beispielberufe

- Tourismuskaufmann/-frau (Abb. 1)
- Veranstaltungskaufmann/-frau (Abb. 2)
- Kaufmann/-frau – Tourismus und Freizeit (Abb. 3)
- Fachkraft – Veranstaltungstechnik (Abb. 4)

Schulische und duale Ausbildungsberufe

- Touristikassistent/in
- Assistent/in – Freizeitwirtschaft
- Marketingfachkraft/-assistent/in

- Tourismuskaufmann/-frau
- Veranstaltungskaufmann/-frau
- Kaufmann/-frau – Tourismus und Freizeit

Spezialisierte und allg. Weiterbildungsberufe

- Betriebswirt/in (Fachschule) – Touristik und Reiseverkehr
- Fachwirt/in – Veranstaltung
- Fachwirt/in – Tourismus

- Meister/in – Veranstaltungstechnik (Bühne, Studio)
- Meister/in – Veranstaltungstechnik (Halle)
- Meister/in – Veranstaltungstechnik (Beleuchtung)

Akademische Berufe

- Betriebswirt/in (Hochschule) – Touristik
- Event-Manager/in
- Hotel-, Tourismusmanager/in

Umwelt

T_44

Abb. 1

Abb. 2

Abb. 3

Abb. 4

Mjedisi | Екология | Okolica

Środowisko | Mediul înconjurător | Екологія

Typische Tätigkeitsfelder

- Umweltberatung und -management
  - Umweltschutzmaßnahmen umsetzen
  - Einhaltung von Vorschriften und Auflagen überwachen
  - zu Umweltthemen beraten
  - Konzepte für umweltverträgliches Handeln entwickeln
- Umwelttechnik
  - umwelttechnische Messungen durchführen
  - umwelttechnische Anlagen planen und kontrollieren
  - umweltfreundliche Verfahren und Produkte entwickeln
  - Sanierungsmaßnahmen konzipieren

Beispielberufe

- Umweltschutztechnische/r Assistent/in (Abb. 1)
- Schornsteinfeger/in (Abb. 2)
- Fachkraft – Abwassertechnik (Abb. 3)
- Fachkraft – Wasserversorgungstechnik (Abb. 4)

Schulische und duale Ausbildungsberufe

- Umweltschutztechnische/r Assistent/in

- Schornsteinfeger/in
- Fachkraft – Abwassertechnik
- Fachkraft – Wasserversorgungstechnik

Spezialisierte und allg. Weiterbildungsberufe

- Fachwirt/in – Umweltschutz
- Strahlenschutzfachkraft

- Techniker/in – Umweltschutztechnik (Labortechnik)
- Schornsteinfegermeister/in
- Abwassermeister/in

Akademische Berufe

- Ingenieur/in – Umweltschutz/Umwelttechnik
- Biologe/-in
- Mineraloge/-in

Ver- und Entsorgung

Abb. 1

Abb. 2

Abb. 3

Abb. 4

Sigurimi dhe asgjësimi | Снабдяване и преработка на отпадъци | Opskrba i odlaganje na otpad

Zasilanie i usuwanie odpadów | Alimentare și eliminare | Постачання та утилізація

Typische Tätigkeitsfelder

- Ver- und Entsorgung
  - Bereitstellung von Energie und Wasser organisieren
  - Abwasser- und Abfallentsorgung organisieren
  - Versorgungsnetze bauen
  - die Aufbereitung von Abwässern und Abfällen organisieren
  - Trinkwasser gewinnen

Beispielberufe

- **Anlagenmechaniker/in – Sanitär-, Heizungs- und Klimatechnik (Abb. 1 und B_03)**
- Fachkraft – Abwassertechnik (Abb. 2)
- Fachkraft – Rohr-, Kanal- und Industrieservice (Abb. 3)
- Fachkraft – Kreislauf- und Abfallwirtschaft (Abb. 4)

Schulische und duale Ausbildungsberufe

In diesem Tätigkeitsbereich gibt es keine schulischen Ausbildungsmöglichkeiten.

- Anlagenmechaniker/in – Sanitär-, Heizungs- und Klimatechnik
- Fachkraft – Abwassertechnik
- Fachkraft – Rohr-, Kanal- und Industrieservice

Spezialisierte und allg. Weiterbildungsberufe

- Dekontaminateur/in
- Netzmonteur/in

- Meister/in Kreislauf- und Abfallwirtschaft und Städtereinigung
- Techniker/in – Umweltschutz (Verfahrenstechnik)
- Industriemeister/in – Leitungsbau

Akademische Berufe

- Ingenieur/in – Versorgungstechnik
- Ingenieur/in – Abfallwirtschaft
- Ingenieur/in – Wasserwirtschaft

Verkehr

T_46

Abb. 1

Abb. 2

Abb. 3

Abb. 4

Trafiku | Транспорт | Promet

Transport | Trafic | Транспорт

Typische Tätigkeitsfelder

- Fahrzeugführung im Straßenverkehr
- Fahrzeugführung im Eisenbahnverkehr
- Flugzeugführung
- Schiffsführung
- Überwachung und Steuerung des Verkehrsbetriebs
- Technischer Verkehrsbetrieb
- Servicedienstleistungen im Personenverkehr

Beispielberufe

- **Berufskraftfahrer/in (Abb. 1 und B_07)**
- Eisenbahner/in – Betriebsdienst – Lokführer und Transport (Abb. 2)
- Internationale/r Luftverkehrsassistent/in (Abb. 3)
- Eisenbahner/in – Betriebsdienst – Fahrweg (Abb. 4)

Schulische und duale Ausbildungsberufe

- Internationale/r Luftverkehrsassistent/in
- Fluglotse/-in

- Berufskraftfahrer/in
- Eisenbahner/in – Betriebsdienst – Lokführer und Transport
- Kaufmann/-frau – Verkehrsservice

Spezialisierte und allg. Weiterbildungsberufe

- Fachwirt/in – Güterverkehr und Logistik
- Verkehrsfachwirt/in
- Hafenfacharbeiter/in

- Techniker/in – Verkehrstechnik (Verkehrsmanagement)
- Meister/in – Kraftverkehr
- Wasserbaumeister/in

Akademische Berufe

- Ingenieur/in – Verkehrswesen
- Nautiker/in (Hochschule)
- Luftverkehrsmanager/in

Verwaltung

Abb. 1

Abb. 2

Abb. 3

Abb. 4

Administrata | Администрация | Administracija

Administracja | Administrație | Адміністрація

Typische Tätigkeitsfelder

- Büromanagement und -organisation
  - Sekretariats-, Assistenz- und Sachbearbeitungsaufgaben übernehmen
  - Dokumente erstellen
  - Korrespondenz und Terminplanung
- Finanz- und Rechnungswesen
  - Zahlungs- und Buchungsvorgänge abwickeln und überwachen
  - Kalkulationen und Abrechnungen erstellen
  - Abschlüsse und Finanzplanungen erstellen
  - die betriebliche Kostenentwicklung überwachen

Beispielberufe

- Verwaltungsfachangestellte/r (Abb. 1)
- Sozialversicherungsfachangestellte/r (Abb. 2)
- Kaufmann/-frau – Büromanagement (Abb. 3)
- Kaufmännische/r Assistent/in bzw. Wirtschaftsassistent/in (Abb. 4)

Schulische und duale Ausbildungsberufe

- Assistent/in für Polizeidienst und -verwaltung
- Kaufmännische/r Assistent/in bzw. Wirtschaftsassistent/in

- Verwaltungsfachangestellte/r
- Sozialversicherungsfachangestellte/r
- Kaufmann/-frau – Büromanagement

Spezialisierte und allg. Weiterbildungsberufe

- Betriebswirt/in (Fachschule) – Verwaltung
- Betriebswirt/in – Bank
- Betriebswirt/in – Handwerk

In diesem Tätigkeitsbereich gibt es keine Techniker- oder Meisterweiterbildungsmöglichkeiten.

Akademische Berufe

- Verwaltungswirt/in/Verwaltungsbetriebswirt/in
- Betriebswirt/in (Hochschule)
- Volkswirt/in

Wirtschaft

Abb. 1

Abb. 2

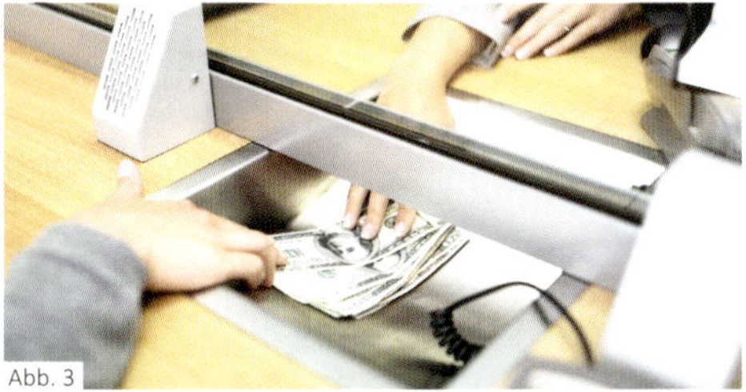
Abb. 3

Abb. 4

Ekonomia | Икономика | Gospodarstvo

Gospodarka | Economie | Економіка

Typische Tätigkeitsfelder

- Finanz- und Rechnungswesen
- Controlling
- Revision
- Vertrieb
- Verkauf
- Marketing und Werbung
- Presse- und Öffentlichkeitsarbeit
- Markt- und Meinungsforschung
- Betriebsorganisation und -planung
- Management, Unternehmensführung
- Unternehmensberatung
- Wirtschaftsförderung
- Versicherungs- und Finanzdienstleistungen
- Immobilienmanagement
- Facility-Management

Beispielberufe

- **Verkäufer/in (Abb. 1 und B_30)**
- **Fachverkäufer/in – Lebensmittelhandwerk (Bäckerei) (Abb. 2 und B_15)**
- Bankkaufmann/-frau (Abb. 3)
- Industriekaufmann/-frau (Abb. 4)

Schulische und duale Ausbildungsberufe

- Kaufmännische/r Assistent/in/Wirtschaftsassistent/in – Fremdsprachen
- Assistent/in – medizinische Gerätetechnik
- Kaufmännische/r Assistent/in/Wirtschaftsassistent/in – Betriebswirtschaft

- Verkäufer/in
- Bankkaufmann/-frau
- Industriekaufmann/-frau

Spezialisierte und allg. Weiterbildungsberufe

- Betriebswirt/in (Fachschule) – Handel
- Fachwirt/in – Vertrieb im Einzelhandel
- Betriebswirt/in (Fachschule) – Finanzen und Investment

- Hotelmeister/in
- Techniker/in – Lebensmitteltechnik (Bäckereitechnik)
- Techniker/in – Wirtschaftstechnik

Akademische Berufe

- Wirtschaftswissenschaftler/in
- Finanz-, Wirtschaftsmathematiker/in
- Sozialökonom/in/Sozialwirt/in

Einzelne
Berufe

Altenpflegehelfer/in

Video

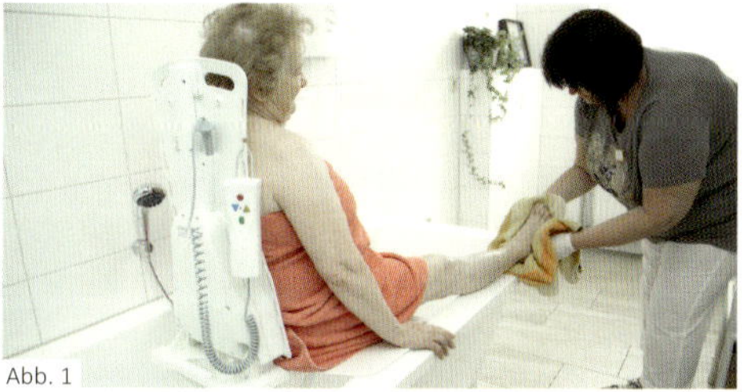
Abb. 1

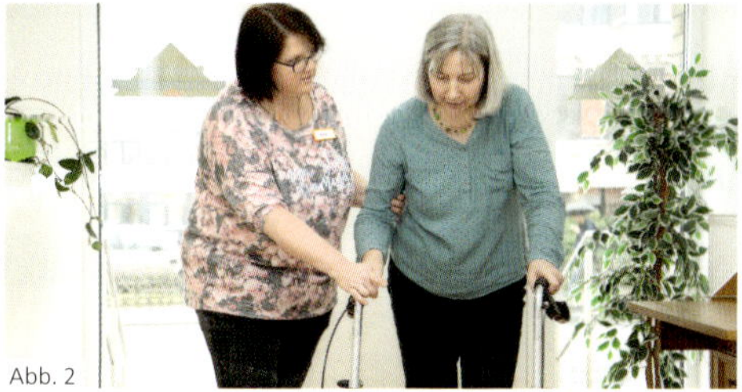
Abb. 2

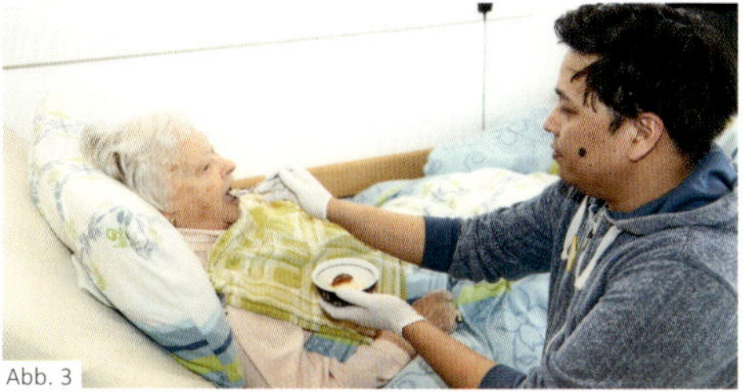
Abb. 3

Abb. 4

Ndihmësinfermier/e | Помощник за полагане на грижи за възрастни хора (м/ж)

Pomoćnik/-ca za gerijatrijsku njegu | Pomocnik opiekuna osób starszych

Asistent(ă) pentru îngrijirea persoanelor vârstnice | Фахівець з догляду за людьми похилого віку

Altenpflegehelfer/in

1- bis 3-jähriger Ausbildungsberuf an Berufsfachschulen (landesrechtlich geregelt), der auf 3- bis 3,5-jährige Ausbildungen anrechenbar ist, z.B.:

- Altenpfleger/in

Weiterbildungsmöglichkeiten

- Fachaltenpfleger/in – Onkologie
- Fachaltenpfleger/in – Psychiatrie
- Fachwirt/in – Gesundheits- und Sozialwesen
- Fachwirt/in – Organisation und Führung (Sozial)

Betriebe

- Altenwohn- und -pflegeheime
- Geriatrische und geronto-psychiatrische Abteilungen von Krankenhäusern
- Rehabilitationskliniken
- Hospize
- Ambulante Altenpflege- und Altenbetreuungsdienste
- Privathaushalte

Einsatzorte

- In Patientenzimmern, Behandlungsräumen, Sanitärräumen
- In Gruppen- und Aufenthaltsräumen
- In Privatwohnungen

Typische Handlungsfelder

- Bei Körperpflege und Ausscheidungen unterstützen (Abb. 1)
- Mobilität unterstützen und fördern (Abb. 2)
- Gesundheit und Ernährung fördern (Abb. 3)
- Bei der Lebens- und Haushaltsführung unterstützen (Abb. 4)

Notwendige Kompetenzen

- **01_1 Einfühlungsvermögen**
- **01_5 Kommunikationsfähigkeit**
- **02_5 Belastbarkeit**
- **02_17 Verantwortungsbewusstsein**
- **03_10 Pflegekompetenz**
- 01_10 Teamfähigkeit
- 02_14 Motivation/Leistungsbereitschaft
- 02_15 Sorgfalt/Genauigkeit
- 02_19 Zuverlässigkeit
- 03_14 Selbstständiges Arbeiten

Alternative Berufe

- Betreuungskraft/Alltagsbegleiter/in
- Gesundheits- und Krankenpflegehelfer/in
- Hauswirtschaftshelfer/in/-assistent/in
- Sozialassistent/in

Jetzt selbst einschätzen: *www.meine-berufserfahrung.de*
Jetzt testen lassen: *www.myskills.de*

Änderungsschneider/in

Video

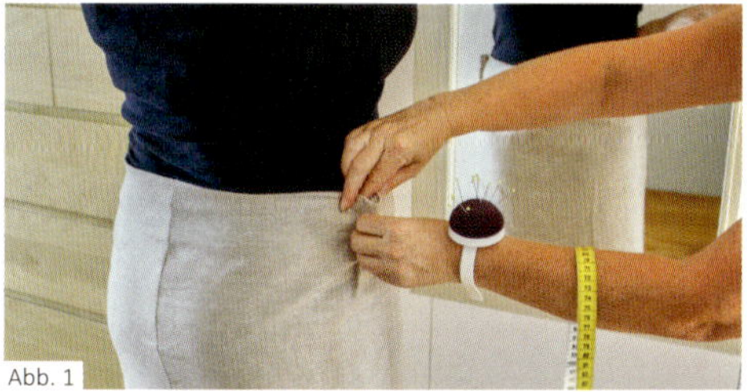

Abb. 1

Abb. 2

Abb. 3

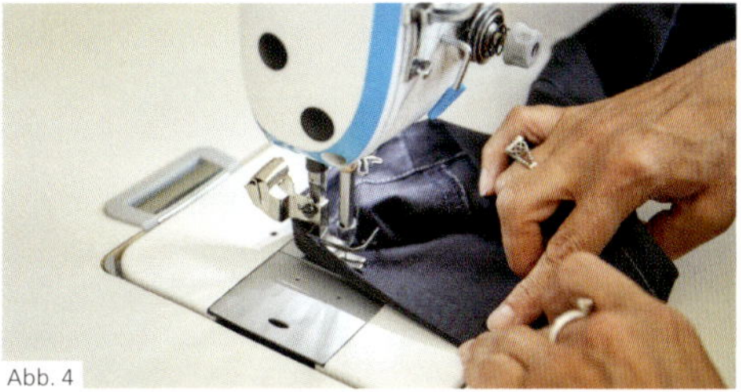

Abb. 4

Rrobaqepës/e | Специалист за шивашки поправки (м/ж)

Krojač/-ica prepravljač/-ica | Krawiec wykonujący przeróbki

Croitor/croitoreasă pentru retușuri | Ремонт одягу

Änderungsschneider/in

2-jähriger anerkannter Ausbildungsberuf in Industrie und Handwerk, der auf 3- bis 3,5-jährige Ausbildungen anrechenbar ist, z.B.:

- Maßschneider/in
- Textil- und Modeschneider/in

Weiterbildungsmöglichkeiten

- Betriebswirt/in (Fachschule) – Textil
- Industriemeister/in – Textilwirtschaft
- Maßschneidermeister/in
- Techniker/in – Bekleidungstechnik

Betriebe

- Handwerkliche Änderungs- bzw. Maßschneidereien
- Große Bekleidungshäuser mit integriertem Änderungsdienst

Einsatzorte

- In Schneiderwerkstätten
- In Schneiderateliers
- In Verkaufsräumen

Typische Handlungsfelder

- Aufträge erfassen und planen (Abb. 1)
- Kleidungsstücke bügeln (Abb. 2)
- Materialien zuschneiden
- Handarbeiten durchführen (Abb. 3)
- An der Nähmaschine arbeiten (Abb. 4)

Notwendige Kompetenzen

- **02_11 Kreativität**
- **02_15 Sorgfalt/Genauigkeit**
- **03_6 Kundenorientierung**
- **03_14 Selbstständiges Arbeiten**
- **03_16 Technische und handwerkliche Fertigkeiten**
- 01_5 Kommunikationsfähigkeit
- 02_14 Motivation/Leistungsbereitschaft
- 02_19 Zuverlässigkeit
- 03_3 Arbeitsplanung
- 03_4 Improvisationsfähigkeit

Alternative Berufe

- Bekleidungstechnische/r Assistent/in
- Fachkraft – Lederverarbeitung
- Polster- und Dekorationsnäher/in
- Textil- und Modenäher/in

Jetzt selbst einschätzen: *www.meine-berufserfahrung.de*
Jetzt testen lassen: *www.myskills.de*

Anlagenmechaniker/in

Video

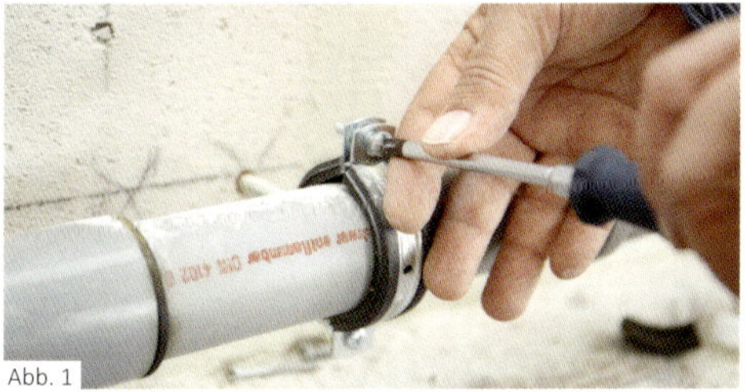

Abb. 1

Abb. 2

Abb. 3

Abb. 4

Mekanik/e impiantesh | Механик на оборудване (м/ж)

Mehaničar/-ka postrojenja | Mechanik instalacji przemysłowych

Mecanic de instalații | Механік-монтажник

Anlagenmechaniker/in

3,5-jähriger anerkannter Ausbildungsberuf in Industrie und Handwerk

Diese Karte bezieht sich auf die Fachrichtung Sanitär-, Heizungs- und Klimatechnik.

Betriebe

- Versorgungstechnische Installationsbetriebe
- Heizungs- und Klimaanlagen-bauer

Einsatzorte

- Beim Kunden bzw. auf Bau-stellen
- In Werkstätten

Notwendige Kompetenzen

- **01_10 Teamfähigkeit**
- **02_8 Flexibilität**
- **02_15 Sorgfalt/Genauigkeit**
- **03_14 Selbstständiges Arbeiten**
- **03_16 Technische und handwerkliche Fertigkeiten**
- 02_14 Motivation/Leistungs-bereitschaft
- 02_19 Zuverlässigkeit
- 03_3 Arbeitsplanung
- 03_6 Kundenorientierung
- 03_11 Räumliches Denk-/ Vorstellungsvermögen

Weiterbildungsmöglichkeiten

- Betriebsmanager/in – Sanitär- und Heizungstechnik
- Installateur- und Heizungsbauermeister/in
- Konstrukteur/in
- Techniker/in – Sanitärtechnik

Typische Handlungsfelder

- Rohre installieren (Abb. 1)
- Raumlufttechnische Anlagen erstellen (Abb. 2)
- Heizungsanlagen erstellen (Abb. 3)
- Sanitäre Anlagen erstellen (Abb. 4)
- Thermische Solaranlagen erstellen

Alternative Berufe

- **Klempner/in (B_23)**
- Konstruktionsmechaniker/in
- Mechatroniker/in – Kältetechnik
- Ofen- und Luftheizungsbauer/in

Jetzt selbst einschätzen: *www.meine-berufserfahrung.de*

Jetzt testen lassen: *www.myskills.de*

Ausbaufacharbeiter/in

Video

Abb. 1

Abb. 2

Abb. 3

Abb. 4

Specialist/e çmontimi | Специалист по довършителни строителни работи (м/ж)

Građevinski/-a kvalificirani/-a radnik/-ca | Technolog robót wykończeniowych

Specialist(ă) în finisaje | Лицювальник-плиточник

Ausbaufacharbeiter/in

2-jähriger Ausbildungsberuf in Industrie und Handwerk, der auf 3- bis 3,5-jährige Ausbildungen anrechenbar ist, z.B.:

- Fliesen-, Platten- und Mosaikleger/in
- Trockenbaumonteur/in
- Zimmerer/-in

Betriebe

- Trockenbau-, Dachdecker- und Zimmereibetriebe
- Isolierbauunternehmen
- Fachbetriebe für Fußbodentechnik
- Stuckateurbetriebe
- Sonstige handwerkliche und industrielle Betriebe des Ausbaugewerbes

Einsatzorte

- Auf Baustellen, teilweise im Freien
- In Werkstätten und Werkhallen

Notwendige Kompetenzen

- **01_10 Teamfähigkeit**
- **02_15 Sorgfalt/Genauigkeit**
- **02_19 Zuverlässigkeit**
- **03_14 Selbstständiges Arbeiten**
- **03_16 Technische und handwerkliche Fertigkeiten**
- 02_5 Belastbarkeit
- 02_8 Flexibilität
- 02_10 Körperliche Belastbarkeit
- 02_14 Motivation/Leistungsbereitschaft
- 03_3 Arbeitsplanung

Weiterbildungsmöglichkeiten

- Betriebsmanager/in – Bau- und Holztechnik
- Fliesen-, Platten- und Mosaiklegermeister/in
- Techniker/in – Bautechnik (Ausbau)
- Werkpolier/in (Ausbau)

Typische Handlungsfelder

- Wandfliesen im Dünnbett verlegen (Abb. 1)
- Bodenfliesen im Dünnbett verlegen (Abb. 2)
- Zubehör und zusätzliche Materialien einbauen (Abb. 3)
- Spezielle Fliesen- und Plattenverlegearbeiten durchführen (Abb. 4)
- Dämm-, Trockenbau-, Putz- und Estricharbeiten durchführen
- Einfache Hochbauarbeiten durchführen

Alternative Berufe

- **Bauten- und Objektbeschichter/in (B_06)**
- **Hochbaufacharbeiter/in (B_20)**
- Isolierfacharbeiter/in
- **Tiefbaufacharbeiter/in (B_27)**

Jetzt selbst einschätzen: *www.meine-berufserfahrung.de*
Jetzt testen lassen: *www.myskills.de*

Bäcker/in

Video

Abb. 1

Abb. 2

Abb. 3

Abb. 4

Furrtar/e | Пекар (м/ж)

Pekar/-ka | Piekarz

Brutar | Пекар

Bäcker/in

3-jähriger anerkannter Ausbildungsberuf in Industrie und Handwerk

Weiterbildungsmöglichkeiten

- Bäckermeister/in
- Konditormeister/in
- Techniker/in – Lebensmitteltechnik
- Verkaufsleiter/in im Lebensmittelhandwerk

Betriebe

- Handwerkliche Bäckereien
- Industrielle Großbäckereien
- Fachgeschäfte wie Spezial- und Diät-Bäckereien
- Betriebe der Gastronomie und Catering-Firmen

Einsatzorte

- In Backstuben
- In Werkhallen

ggf. auch

- In Verkaufsräumen (bei Beschäftigung in handwerklichen Bäckereien)

Typische Handlungsfelder

- Teige herstellen (Abb. 1)
- Teige zu Brot und Kleingebäck aufarbeiten
- Feine Backwaren aus Teigen aufarbeiten (Abb. 2)
- Feine Backwaren aus Massen herstellen, Torten herstellen (Abb. 3)
- Backwarensnacks und kleine Gerichte herstellen
- Brot, Kleingebäck und Feine Backwaren abbacken (Abb. 4)

Notwendige Kompetenzen

- **01_10 Teamfähigkeit**
- **02_14 Motivation/Leistungsbereitschaft**
- **02_15 Sorgfalt/Genauigkeit**
- **02_19 Zuverlässigkeit**
- **03_14 Selbstständiges Arbeiten**
- 02_5 Belastbarkeit
- 02_10 Körperliche Belastbarkeit
- 02_17 Verantwortungsbewusstsein
- 03_16 Technische und handwerkliche Fertigkeiten
- 03_20 Zeitmanagement

Alternative Berufe

- **Fachkraft – Lebensmitteltechnik (B_11)**
- **Fachverkäufer/in – Lebensmittelhandwerk (Bäckerei) (B_15)**
- **Koch/Köchin (B_24)**
- Konditor/in

Jetzt selbst einschätzen: *www.meine-berufserfahrung.de*
Jetzt testen lassen: *www.myskills.de*

Bauten- und Objektbeschichter/in

Video

Abb. 1

Abb. 2

Abb. 3

Abb. 4

Bojaxhi ndërtesash dhe objektesh | Специалист по нанасяне на покрития на сгради и обекти (м/ж)

Radnik/-ca na oblaganju zgrada i objekata | Monter powłok w budynkach i obiektach budowlanych

Vopsitor construcții și obiecte | Фахівець із оздоблення будівель та об'єктів

Bauten- und Objektbeschichter/in

2-jähriger Ausbildungsberuf im Handwerk, der auf 3- bis 3,5-jährige Ausbildungen anrechenbar ist, z.B.:

- Maler/in und Lackierer/in – Bauten- und Korrosionsschutz
- Maler/in und Lackierer/in – Gestaltung und Instandhaltung

Betriebe

- Maler- und Lackiererhandwerk
- Betriebe für Bodenbeschichtungstechnik
- Stuckateurgewerbe
- Unternehmen des Trockenbaus
- Unternehmen des Fassadenbaus

Einsatzorte

- Auf Baustellen
- Direkt beim Kunden

ggf. auch

- In Werkstätten oder Werkhallen

Notwendige Kompetenzen

- **01_10 Teamfähigkeit**
- **02_10 Körperliche Belastbarkeit**
- **02_15 Sorgfalt/Genauigkeit**
- **03_7 Mathematik-/Rechenfähigkeit**
- **03_16 Technische und handwerkliche Fertigkeiten**
- 02_14 Motivation/Leistungsbereitschaft
- 02_17 Verantwortungsbewusstsein
- 02_19 Zuverlässigkeit
- 03_11 Räumliches Denk-/Vorstellungsvermögen
- 03_14 Selbstständiges Arbeiten

Weiterbildungsmöglichkeiten

- Maler- und Lackierermeister/in
- Restaurator/in – Maler- und Lackiererhandwerk
- Techniker/in – Farb- und Lacktechnik
- Werkpolier/in (Ausbau)

Typische Handlungsfelder

- Innen und außen anstreichen (Abb. 1)
- Objekte lackieren (Abb. 2)
- Putzarbeiten durchführen
- Trockenbauarbeiten durchführen
- Tapeten und Bodenbeläge kleben (Abb. 3)
- Dämmarbeiten durchführen (Abb. 4)

Alternative Berufe

- **Ausbaufacharbeiter/in (B_04)**
- Fachkraft – Holz- und Bautenschutzarbeiten
- **Hochbaufacharbeiter/in (B_20)**
- Maler- und Lackierer/in – Bauten- und Korrosionsschutz

Jetzt selbst einschätzen: *www.meine-berufserfahrung.de*

Jetzt testen lassen: *www.myskills.de*

Berufskraftfahrer/in

Video

Abb. 1

Abb. 2

Abb. 3

Abb. 4

Shofer/e profesionist/e | Професионален шофьор (м/ж)

Profesionalni vozač/žena profesionalni vozač | Kierowca zawodowy

Conducător/Conducătoare auto profesionist/ă | Професійний водій

Berufskraftfahrer/in

3-jähriger anerkannter Ausbildungsberuf im Güterverkehr und in der Personenbeförderung (Ausbildungsbereich Industrie und Handel)

Weiterbildungsmöglichkeiten

- Fachwirt/in – Güterverkehr und Logistik
- Meister/in – Kraftverkehr
- Techniker/in – Verkehrstechnik
- Techniker/in – Kraftfahrzeugtechnik

Betriebe

- Transportunternehmen des Güterverkehrs, z.B. Speditionen
- Transportunternehmen des Personenverkehrs, z.B. kommunale Verkehrsbetriebe oder Busreiseunternehmen

Einsatzorte

- Am Steuer eines Fahrzeugs

ggf. auch

- Im Freien
- In Lagerhäusern
- In Fahrzeughallen
- In Werkstätten

Typische Handlungsfelder

- Touren planen und dokumentieren (Abb. 1)
- Fahrzeug vorbereiten (Abb. 2)
- Güter befördern
- Fahrzeug führen (Abb. 3)
- Fahrzeug warten und pflegen
- Personen befördern (Abb. 4)

Notwendige Kompetenzen

- **02_5 Belastbarkeit**
- **02_8 Flexibilität**
- **02_17 Verantwortungsbewusstsein**
- **02_19 Zuverlässigkeit**
- **03_14 Selbstständiges Arbeiten**
- 02_10 Körperliche Belastbarkeit
- 02_14 Motivation/Leistungsbereitschaft
- 02_15 Sorgfalt/Genauigkeit
- 03_6 Kundenorientierung
- 03_16 Technische und handwerkliche Fertigkeiten

Alternative Berufe

- Fachkraft – Fahrbetrieb
- **Fachkraft – Möbel-, Küchen- und Umzugsservice (B_13)**
- **Kfz-Mechatroniker/in – Pkw-Technik (B_22)**
- Servicefahrer/in

Jetzt selbst einschätzen: www.meine-berufserfahrung.de
Jetzt testen lassen: www.myskills.de

Elektroniker/in

Video

Abb. 1

Abb. 2

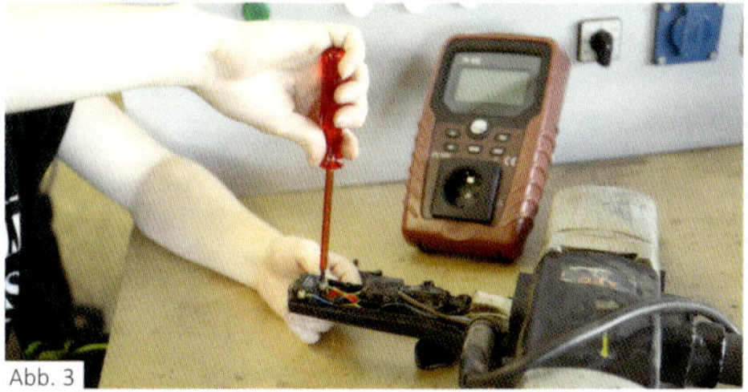

Abb. 3

Abb. 4

Specialist/e elektronike | Специалист по електроника (м/ж)

Elektroničar/-ka | Elektronik

Tehnician electronist | Технік-електронік

Elektroniker/in

3,5-jähriger anerkannter Ausbildungsberuf im Handwerk

Diese Karte bezieht sich auf die Fachrichtung Energie- und Gebäudetechnik.

Betriebe

- Hersteller industrieller Prozesssteuerungseinrichtungen
- Betriebe der Elektroinstallation

Einsatzorte

- Im Freien
- In Werkhallen und Werkstätten

ggf. auch
- In Büroräumen

Notwendige Kompetenzen

- **01_10 Teamfähigkeit**
- **02_15 Sorgfalt/Genauigkeit**
- **03_1 Analyse- und Problemlösefähigkeit**
- **03_7 Mathematik-/Rechenfähigkeit**
- **03_16 Technische und handwerkliche Fertigkeiten**
- 02_2 Auffassungsfähigkeit/-gabe
- 02_14 Motivation/Leistungsbereitschaft
- 02_19 Zuverlässigkeit
- 03_6 Kundenorientierung
- 03_14 Selbstständiges Arbeiten

Weiterbildungsmöglichkeiten

- Elektrotechnikermeister/in
- Fachwirt/in – Solartechnik
- Servicemonteur/in – Windenergieanlagentechnik
- Techniker/in – Elektrotechnik (Energietechnik)

Typische Handlungsfelder

- Elektroinstallationen vor- und nachbereiten (Abb. 1)
- Elektrische Betriebsmittel montieren und installieren
- Elektrische Anlagen in Betrieb nehmen und instand halten (Abb. 2)
- Steuerungen und Antriebssysteme montieren und installieren
- Ortsveränderliche elektrische Geräte instand halten (Abb. 3)
- Energietechnische Anlagen errichten und instand halten (Abb. 4)

Alternative Berufe

- Elektroanlagenmonteur/in
- Elektroniker/in – Betriebstechnik
- **Industrieelektriker/in (B_21)**
- Mechatroniker/in – Kältetechnik
- Systemelektroniker/in

Jetzt selbst einschätzen: www.meine-berufserfahrung.de
Jetzt testen lassen: www.myskills.de

Fachinformatiker/in – Systemintegration

Video

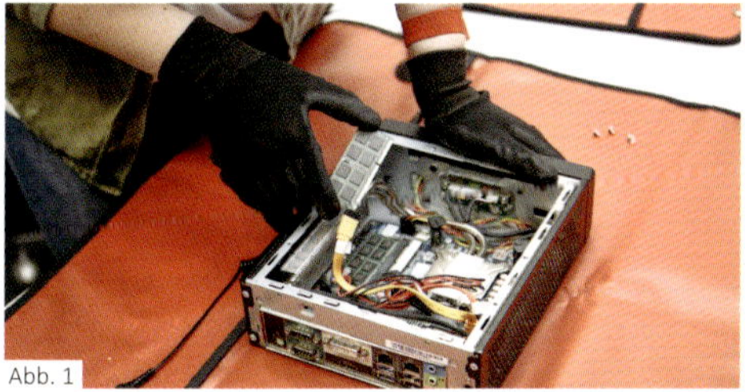

Abb. 1

Abb. 2

Abb. 3

Abb. 4

Specialist/e IT – integrim sistemi | Специалист по информатика - системна интеграция (м/ж)

Informatičar/-ka specijalista – integracija sustava | Informatyk – integracja systemów informatycznych

Specialist(ă) în informatică – integrarea sistemelor | IT-фахівець – системна інтеграція

Fachinformatiker/in – Systemintegration

3-jähriger anerkannter Ausbildungsberuf in Industrie und Handel

Die Ausbildung findet auch im Handwerk statt.

Weiterbildungsmöglichkeiten

- Betriebsinformatiker/in
- Fachwirt/in – Computer-Management
- Softwareentwickler/in
- Techniker/in – Informatik (techn. Informatik)

Betriebe

- Unternehmen nahezu aller Wirtschaftsbereiche
- Öffentliche Verwaltung

Einsatzorte

- In Büroräumen
- Im Außendienst bei Kunden vor Ort

ggf. auch

- In Besprechungsräumen
- In Schulungs- und Unterrichtsräumen

Typische Handlungsfelder

- Einfache IT-Systeme zusammenbauen, installieren und warten (Abb. 1)
- IT-Netzwerke installieren, integrieren und konfigurieren (Abb. 2)
- IT-Sicherheit anwenden, Serverdienste installieren und warten
- Mit Datenbanken und Datenbankmanagementsystemen arbeiten (Abb. 3)
- Programmcode interpretieren, anwenden und prüfen (Abb. 4)

Notwendige Kompetenzen

- **02_13 Lernbereitschaft**
- **02_15 Sorgfalt/Genauigkeit**
- **03_1 Analyse- und Problemlösefähigkeit**
- **03_6 Kundenorientierung**
- **03_16 Technische und handwerkliche Fertigkeiten**
- 01_5 Kommunikationsfähigkeit
- 01_10 Teamfähigkeit
- 02_2 Auffassungsfähigkeit/-gabe
- 02_8 Flexibilität
- 03_2 Arbeiten am PC

Alternative Berufe

- Mathematisch-technische/r Softwareentwickler/in
- Fachinformatiker/in – Anwendungsentwicklung
- IT-System-Elektroniker/in

Jetzt selbst einschätzen: *www.meine-berufserfahrung.de*
Jetzt testen lassen: *www.myskills.de*

Fachkraft – Gastgewerbe

Video

Abb. 1

Abb. 2

Abb. 3

Abb. 4

Specialist – sektori i hotelerisë | Специалист – хотелиерство и ресторантьорство

Specijalist – ugostiteljstvo | Specjalista – branża hotelarska

Specialist(ă) – industria ospitalității | Працівник готельного та ресторанного бізнесу

Fachkraft – Gastgewerbe

2-jähriger anerkannter Ausbildungsberuf im Gastgewerbe, der auf 3- bis 3,5-jährige Ausbildungen anrechenbar ist, z.B.:

- Fachkraft für Speiseeis
- Hotelfachmann/-frau
- Hotelkaufmann/-frau
- Restaurantfachmann/-frau

Betriebe

- Einzelhandelsunternehmen mit angeschlossener Gastronomie
- Gastronomische Betriebe (z.B. Cafés, Restaurants, Kantinen, Cateringfirmen)
- Gesundheitswesen (z.B. Rehabilitationskliniken mit Restaurantbereich)
- Hotellerie und Freizeitwirtschaft

Einsatzorte

- In Restauranträumen
- In Gastzimmern
- Am Empfang
- In Wirtschafts- und Lagerräumen
- In Küchen und an Büfetts

ggf. auch

- Im Freien, z.B. in Gartenlokalen

Notwendige Kompetenzen

- **01_5 Kommunikationsfähigkeit**
- **01_10 Teamfähigkeit**
- **02_5 Belastbarkeit**
- **02_14 Motivation/Leistungsfähigkeit**
- **03_6 Kundenorientierung**
- 02_2 Auffassungsfähigkeit/-gabe
- 02_10 Körperliche Belastbarkeit
- 02_15 Sorgfalt/Genauigkeit
- 02_19 Zuverlässigkeit
- 03_8 Organisationsfähigkeit

Weiterbildungsmöglichkeiten

- Fachwirt – Gastgewerbe
- Gastronom/in
- Hotelmeister/in
- Restaurantmeister/in

Typische Handlungsfelder

- Reinigungsarbeiten durchführen (Housekeeping) (Abb. 1)
- Veranstaltungen vorbereiten und im Warenlager arbeiten
- In der Küche helfen (Abb. 2)
- Im Service arbeiten (Abb. 3)
- An der Rezeption arbeiten (Abb. 4)
- Service leiten

Alternative Berufe

- Fachmann/-frau – Systemgastronomie
- **Fachverkäufer/in – Lebensmittelhandwerk (Bäckerei) (B_15)**
- Hotelkaufmann/-frau
- Restaurantfachmann/-frau

Jetzt selbst einschätzen: www.meine-berufserfahrung.de
Jetzt testen lassen: www.myskills.de

Fachkraft – Lebensmitteltechnik

Video

Abb. 1

Abb. 2

Abb. 3

Abb. 4

Specialist – teknologji ushqimore | Специалист – технолог хранително-вкусова промишленост

Specijalist – tehnologija živežnih namirnica | Specjalista – branża spożywcza

Specialist(ă) – tehnologia produselor alimentare | Харчовий технолог

Fachkraft – Lebensmitteltechnik

3-jähriger anerkannter Ausbildungsberuf in der Industrie

Weiterbildungsmöglichkeiten

- Brau- und Getränketechnologe/-in
- Industriemeister/in – Lebensmittel
- Techniker/in – Lebensmitteltechnik
- Technische/r Fachwirt/in

Betriebe

- Betriebe der Fisch-, Fleisch- oder Obst- und Gemüse-verarbeitung
- Industrielle Großbäckereien
- Molkereibetriebe
- Betriebe der Getränkeindustrie
- Industrielle Hersteller von Süßwaren oder Babynahrung

Einsatzorte

- In Produktionshallen
- In Lager- oder Kühlräumen
- In Laboren

Typische Handlungsfelder

- Waren annehmen und lagern (Abb. 1)
- Feste und pastöse Lebensmittel herstellen (Abb. 2)
- Pulvermischungen herstellen (Abb. 3)
- Erfrischungsgetränke herstellen
- Maschinen, Geräte und Anlagen reinigen, pflegen und warten
- Lebensmittel verpacken und Verpackungsprozesse steuern
- Qualität von Lebensmitteln sichern (Abb. 4)

Notwendige Kompetenzen

- **01_10 Teamfähigkeit**
- **02_15 Sorgfalt/Genauigkeit**
- **02_19 Zuverlässigkeit**
- **03_6 Kundenorientierung**
- **03_14 Selbstständiges Arbeiten**
- 01_5 Kommunikationsfähigkeit
- 02_5 Belastbarkeit
- 02_10 Körperliche Belastbarkeit
- 02_14 Motivation/Leistungs-bereitschaft
- 03_7 Mathematik-/Rechen-fähigkeit

Alternative Berufe

- **Bäcker/in (B_05)**
- Fachkraft – Fruchtsafttechnik
- Fleischer/in
- Verfahrenstechnologe/-in – Mühlen-/Getreide-wirtschaft (Müllerei)

Jetzt selbst einschätzen: *www.meine-berufserfahrung.de*

Jetzt testen lassen: *www.myskills.de*

Fachkraft – Metalltechnik

Video

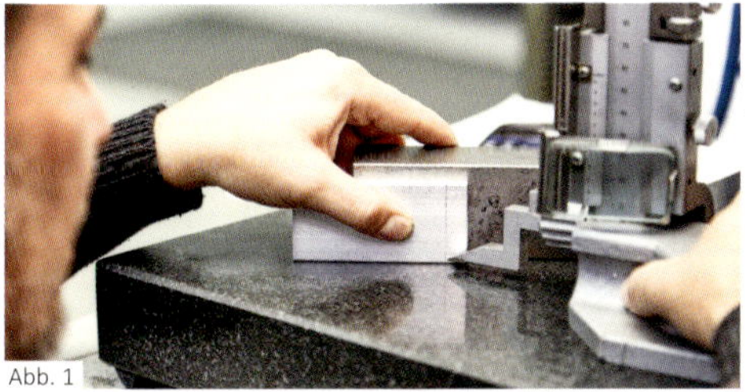

Abb. 1

Abb. 2

Abb. 3

Abb. 4

Specialist – teknologjia e metaleve | Специалист по металотехника

Specijalist – tehnologija metala | Specjalista – technika obróbki metali

Specialist(ă) – tehnologia prelucrării metalelor | Фахівець з технології металів

Fachkraft – Metalltechnik

2-jähriger anerkannter Ausbildungsberuf in der Industrie (hier: Fachrichtung Konstruktionstechnik), der auf 3- bis 3,5-jährige Ausbildungen anrechenbar ist, z.B.:

- Anlagenmechaniker/in
- Konstruktionsmechaniker/in
- Metallbauer/in – Konstruktionstechnik

Betriebe

- Unternehmen des Metall-, Maschinen- und Fahrzeugbaus
- Baugewerbe

Einsatzorte

- In Werkstätten und Fertigungshallen

ggf. auch

- Bei Montageeinsätzen bei Kunden vor Ort

Weiterbildungsmöglichkeiten

- Industrie-Betriebswirt/in
- Industriemeister/in – Metall
- Techniker/in – Maschinentechnik (Konstruktion)
- Techniker/in – Metallbautechnik

Typische Handlungsfelder

- Bauteile mit handgeführten Werkzeugen und Maschinen herstellen (Abb. 1)
- Einzelteile mit Werkzeugmaschinen drehen und fräsen (Abb. 2)
- Baugruppen und Metallkonstruktionen demontieren und montieren
- Bleche und Rohre umformen und trennen (Abb. 3)
- Bauteile und Baugruppen schweißen (Abb. 4)

Notwendige Kompetenzen

- **01_10 Teamfähigkeit**
- **02_10 Körperliche Belastbarkeit**
- **02_15 Sorgfalt/Genauigkeit**
- **03_14 Selbstständiges Arbeiten**
- **03_16 Technische und handwerkliche Fertigkeiten**
- 02_2 Auffassungsfähigkeit/-gabe
- 02_14 Motivation/Leistungsbereitschaft
- 02_19 Zuverlässigkeit
- 03_7 Mathematik-/Rechenfähigkeit
- 03_11 Räumliches Denk-/Vorstellungsvermögen

Alternative Berufe

- **Anlagenmechaniker/in – Sanitär-, Heizungs- und Klimatechnik (B_03)**
- Konstruktionsmechaniker/in
- **Maschinen- und Anlagenführer/in (B_26)**
- Metallbauer/in – Konstruktionstechnik

Jetzt selbst einschätzen: *www.meine-berufserfahrung.de*
Jetzt testen lassen: *www.myskills.de*

Fachkraft – Möbel-, Küchen- und Umzugsservice

Video

Abb. 1

Abb. 2

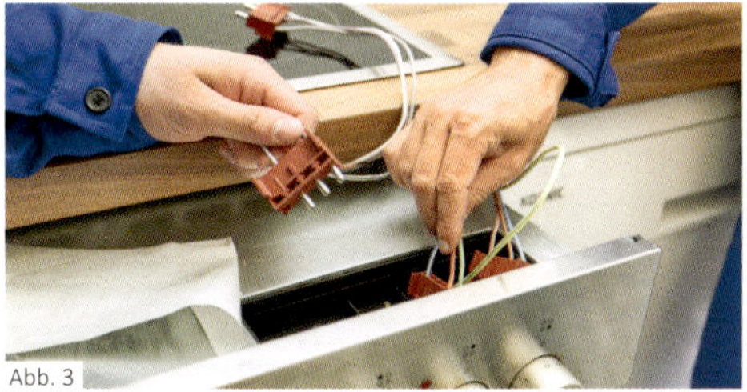

Abb. 3

Abb. 4

Specialist – shërbim mobiliesh, kuzhinash dhe transferimi | Специалист по монтаж на мебели, кухни и преместване

Specijalist – namještaj, kuhinje i usluga preseljenja | Specjalista – montaż mebli i sprzętu AGD oraz przeprowadzki

Specialist(ă) – servicii în domeniul mobilei, mobilierului de bucătărie | Фахівець з меблів, кухонь та служба переїзду

Fachkraft – Möbel-, Küchen- und Umzugsservice

3-jähriger anerkannter Ausbildungsberuf in Industrie und Handel

Weiterbildungsmöglichkeiten

- Betriebswirt/in (Fachschule) – Möbelhandel
- Technische/r Fachwirt/in

Betriebe

- Unternehmen des Küchen- und Möbelhandels
- Umzugsfirmen
- Möbelspeditionen
- Betriebe der Möbelherstellung

Einsatzorte

- In Lagerräumen
- In Werkstätten
- In Transportfahrzeugen
- Vor Ort beim Kunden

ggf. auch

- Im Büro

Typische Handlungsfelder

- Vorbereitung und Abnahme von Aufträgen durchführen
- Möbel demontieren und montieren (Abb. 1)
- Umzüge und Transporte durchführen (Abb. 2)
- Elektroarbeiten ausführen (Abb. 3)
- Anschlüsse an Wasserleitungen und Lüftungsanlagen herstellen (Abb. 4)

Notwendige Kompetenzen

- **01_10 Teamfähigkeit**
- **02_10 Körperliche Belastbarkeit**
- **02_15 Sorgfalt/Genauigkeit**
- **03_6 Kundenorientierung**
- **03_16 Technische und handwerkliche Fertigkeiten**
- 02_5 Belastbarkeit
- 02_8 Flexibilität
- 02_14 Motivation/Leistungsbereitschaft
- 02_19 Zuverlässigkeit
- 03_14 Selbstständiges Arbeiten

Alternative Berufe

- **Berufskraftfahrer/in (B_07)**
- Holzmechaniker/in – Montieren von Innenausbauten und Bauelementen
- **Tischler/in (B_28)**

Jetzt selbst einschätzen: *www.meine-berufserfahrung.de*
Jetzt testen lassen: *www.myskills.de*

Fachlagerist/in

Video

Abb. 1

Abb. 2

Abb. 3

Abb. 4

Magazinier/e | Специалист по складови дейности (м/ж)

Magacioner/-ka | Specjalista z zakresu logistyki magazynowej

Magazioner | Складська справа

Fachlagerist/in

2-jähriger anerkannter Ausbildungsberuf in Industrie, Handel und Handwerk, der auf 3- bis 3,5-jährige Ausbildungen anrechenbar ist, z.B.:

- Fachkraft – Lagerlogistik

Weiterbildungsmöglichkeiten

- Fachwirt/in – Handel
- Fachkraft – Logistik/Materialwirtschaft
- Fachwirt/in – Logistiksysteme
- Logistikmeister/in

Betriebe

- Unternehmen nahezu aller Wirtschaftsbereiche

Einsatzorte

- Im Lager
- In Kühlhäusern
- In Fabrikhallen

Typische Handlungsfelder

- Waren annehmen (Abb. 1)
- Fördermittel einsetzen (Abb. 2)
- Waren lagern (Abb. 3)
- Waren kommissionieren (Abb. 4)
- Waren versenden

Notwendige Kompetenzen

- **01_10 Teamfähigkeit**
- **02_14 Motivation/Leistungsbereitschaft**
- **02_15 Sorgfalt/Genauigkeit**
- **02_19 Zuverlässigkeit**
- **03_14 Selbstständiges Arbeiten**
- 02_5 Belastbarkeit
- 02_10 Körperliche Belastbarkeit
- 02_17 Verantwortungsbewusstsein
- 03_2 Arbeiten am PC
- 03_8 Organisationsfähigkeit

Alternative Berufe

- Fachkraft – Kurier-, Express- und Postdienstleistungen
- Fachkraft – Lagerlogistik
- Kaufmann/-frau – Spedition und Logistikdienstleistung
- Servicefahrer/in

Jetzt selbst einschätzen: *www.meine-berufserfahrung.de*

Jetzt testen lassen: *www.myskills.de*

Fachverkäufer/in – Lebensmittelhandwerk (Bäckerei)

Video

Abb. 1

Abb. 2

Abb. 3

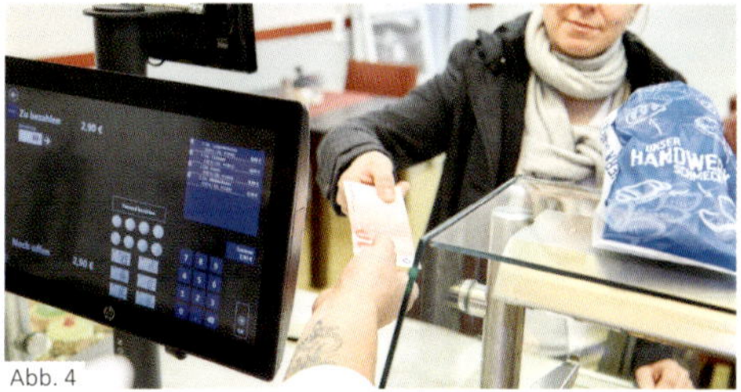

Abb. 4

Shitës/e i/e specializuar – në sektorin ushqimor (furrë buke) | Квалифициран продавач на хранителни стоки (пекарна) (м/ж) | Specijalizirani prodavač/-ica – obrtništvo živežnih namirnica (pekara) | Wykwalifikowany sprzedawca – rzemiosło spożywcze (piekarnia) | Vânzător/Vânzătoare specializat(ă) – produse alimentare (brutărie) | Фахівець з торгівлі Робота з продуктами харчування (пекарня)

Fachverkäufer/in – Lebensmittelhandwerk (Bäckerei)

3-jähriger anerkannter Ausbildungsberuf im Lebensmittelhandwerk und -handel

Weiterbildungsmöglichkeiten

- Betriebswirt/in (Fachschule) – Handel
- Fachwirt/in – Handel
- Fachwirt/in – Vertrieb im Einzelhandel
- Verkaufsleiter/in im Lebensmittelhandwerk

Betriebe

- Bäckereien
- Einzelhandelsgeschäfte
- Gastronomie bzw. Catering-Unternehmen
- Hotellerie

Einsatzorte

- In Verkaufsräumen
- In Lagerräumen

ggf. auch

- In der Backstube
- Im Büro

Typische Handlungsfelder

- Backwaren und Betriebsmittel annehmen, prüfen und lagern
- Snacks, kleine Gerichte und Getränke herstellen (Abb. 1)
- Teiglinge zu Backwaren abbacken (Abb. 2)
- Kunden beraten und Waren verkaufen (Abb. 3)
- Kassiervorgänge durchführen (Abb. 4)
- Verkaufsfördernde Maßnahmen durchführen

Notwendige Kompetenzen

- **01_10 Teamfähigkeit**
- **02_15 Sorgfalt/Genauigkeit**
- **02_19 Zuverlässigkeit**
- **03_6 Kundenorientierung**
- **03_14 Selbstständiges Arbeiten**
- 01_5 Kommunikationsfähigkeit
- 02_10 Körperliche Belastbarkeit
- 02_11 Kreativität
- 02_14 Motivation/Leistungsbereitschaft
- 03_7 Mathematik-/Rechenfähigkeit

Alternative Berufe

- **Bäcker/in (B_05)**
- Fachverkäufer/in – Lebensmittelhandwerk (Fleischerei)
- Kaufmann/-frau im Einzelhandel
- **Verkäufer/in (B_30)**

Jetzt selbst einschätzen: www.meine-berufserfahrung.de
Jetzt testen lassen: www.myskills.de

Friseur/in

Video

Abb. 1

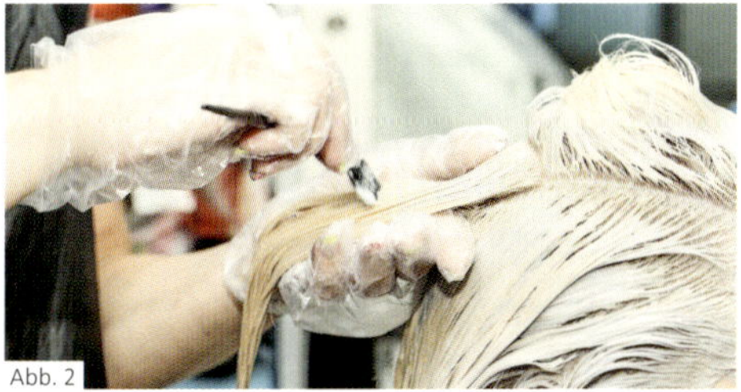
Abb. 2

Abb. 3

Abb. 4

Parukier/e | Фризьор (м/ж)

Frizer/-ka | Fryzjer

Frizer/Coafeză | Перукар

Friseur/in

3-jähriger anerkannter Ausbildungsberuf im Handwerk

Weiterbildungsmöglichkeiten

- Fachwirt/in – Kosmetik und Wellness
- Friseurmeister/in
- Meisterassistent/in – Kosmetik im Friseurhandwerk

Betriebe

- Fachbetriebe des Friseurhandwerks
- Wellnesshotels
- Film- und Theaterproduktionen

Einsatzorte

- In Friseursalons
- In Verkaufsräumen
- In kosmetischen Abteilungen von Hotels
- In Garderoben bzw. Maskenräumen

ggf. auch

- In Privaträumen von Kunden

Typische Handlungsfelder

- Haare schneiden (Abb. 1)
- Haare färben (Abb. 2)
- Haare dauerhaft umformen (Abb. 3)
- Haare föhnen und stylen
- Gesicht dekorativ gestalten (Abb. 4)

Notwendige Kompetenzen

- **01_5 Kommunikationsfähigkeit**
- **02_11 Kreativität**
- **02_14 Motivation/Leistungsbereitschaft**
- **02_15 Sorgfalt/Genauigkeit**
- **03_6 Kundenorientierung**
- 01_7 Kontaktfähigkeit
- 02_8 Flexibilität
- 02_19 Zuverlässigkeit
- 03_14 Selbstständiges Arbeiten
- 03_16 Technische und handwerkliche Fertigkeiten

Alternative Berufe

- Kosmetiker/in
- Maskenbildner/in

Jetzt selbst einschätzen: *www.meine-berufserfahrung.de*

Jetzt testen lassen: *www.myskills.de*

Gärtner/in

Video

Abb. 1

Abb. 2

Abb. 3

Abb. 4

Kopshtar/e | Градинар (м/ж)

Vrtlar/-ka | Ogrodnik

Grădinar | Садівник

Gärtner/in

3-jähriger anerkannter Ausbildungsberuf in der Landwirtschaft

Diese Karte bezieht sich auf die Fachrichtung Garten-/Landschaftsbau.

Weiterbildungsmöglichkeiten

- Gärtnermeister/in – Garten- und Landschaftsbau
- Techniker/in – Gartenbau
- Natur- und Landschaftspfleger/in
- Wirtschafter/in – Gartenbau

Betriebe

- Fachbetriebe des Garten-, Landschafts- und Sportplatzbaus
- Städtische Gärtnereien

Einsatzorte

- Im Freien

Typische Handlungsfelder

- Erdarbeiten ausführen und Maschinen bedienen (Abb. 1)
- Befestigte Flächen herstellen, Entwässerungssysteme einbauen (Abb. 2)
- Bauwerke herstellen
- Vegetationstechnische Arbeiten und Neupflanzungen durchführen (Abb. 3)
- Gärtnerische Pflegemaßnahmen durchführen (Abb. 4)

Notwendige Kompetenzen

- **01_10 Teamfähigkeit**
- **02_14 Motivation/Leistungsbereitschaft**
- **02_15 Sorgfalt/Genauigkeit**
- **03_14 Selbstständiges Arbeiten**
- **03_16 Technische und handwerkliche Fertigkeiten**
- 02_7 Entscheidungsfähigkeit
- 02_8 Flexibilität
- 02_10 Körperliche Belastbarkeit
- 02_19 Zuverlässigkeit
- 03_6 Kundenorientierung

Alternative Berufe

- Fachkraft – Agrarservice
- Forstwirt/in
- **Landwirt/in (B_25)**
- Straßenwärter/in
- **Tiefbaufacharbeiter/in (B_27)**

Jetzt selbst einschätzen: www.meine-berufserfahrung.de
Jetzt testen lassen: www.myskills.de

Gebäudereiniger/in

Video

Abb. 1

Abb. 2

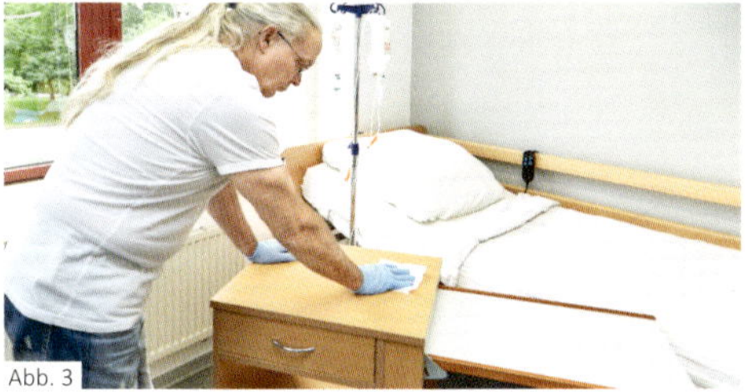

Abb. 3

Abb. 4

Pastrues/e ndërtesash | Специалист по почистване на сгради (м/ж)

Čistač/-ica zgrada | Pracownik firmy sprzątającej budynki

Personal de curățenie în clădiri | Фахівець з прибирання будівель

Gebäudereiniger/in

3-jähriger anerkannter Ausbildungsberuf im Handwerk

Weiterbildungsmöglichkeiten

- Fachwirt/in – Facility-Management
- Fachwirt/in – Umweltschutz
- Gebäudereinigermeister/in
- Techniker/in – Reinigungs- und Hygienetechnik

Betriebe

- Gebäudereinigungsunternehmen
- Dienstleister für die Reinigung von Verkehrsmitteln
- Betriebe für Desinfektion und Schädlingsbekämpfung

Einsatzorte

- In verschiedenen Räumlichkeiten beim Kunden (z.B. in Büro-, Schulungs- und Praxisräumen, Umkleideräumen, Fabrikhallen oder Krankenhauszimmern)
- In Fahrzeugen (in der Verkehrsmittelreinigung)
- Im Freien (in der Außenreinigung)

Typische Handlungsfelder

- Unterhaltsreinigung durchführen (Abb. 1)
- Glasflächen, Fenster und Rahmen reinigen (Abb. 2)
- Desinfizierende Reinigung durchführen (Abb. 3)
- Fassaden- und Industriereinigung durchführen (Abb. 4)
- Sonderreinigungen durchführen

Notwendige Kompetenzen

- **01_10 Teamfähigkeit**
- **02_15 Sorgfalt/Genauigkeit**
- **02_19 Zuverlässigkeit**
- **03_3 Arbeitsplanung**
- **03_14 Selbstständiges Arbeiten**
- 02_8 Flexibilität
- 02_10 Körperliche Belastbarkeit
- 02_14 Motivation/Leistungsbereitschaft
- 03_6 Kundenorientierung
- 03_20 Zeitmanagement

Alternative Berufe

- **Hauswirtschafter/in (B_19)**
- Schädlingsbekämpfer/in
- Textilreiniger/in

Jetzt selbst einschätzen: *www.meine-berufserfahrung.de*

Jetzt testen lassen: *www.myskills.de*

Hauswirtschafter/in

Video

Abb. 1

Abb. 2

Abb. 3

Abb. 4

Amvis/ë | Домакин (м/ж)

(Geronto) domaćin/-ca | Specjalista gospodarstwa domowego

Menajeră | Домашня економка

Hauswirtschafter/in

3-jähriger anerkannter Ausbildungsberuf in den Bereichen Hauswirtschaft und Landwirtschaft

Weiterbildungsmöglichkeiten

- Betriebswirt/in (Fachschule) – Hauswirtschaft
- Fachhauswirtschafter/in
- Meister/in – Hauswirtschaft
- Techniker/in – Ernährungs- und Versorgungswissenschaft

Betriebe

- Wohn-, Betreuungs- und Pflegeeinrichtungen sowie private Haushalte
- Erholungsheime, Jugendherbergen und Kindertagesstätten
- Krankenhäuser, Kur- und Rehakliniken
- Betriebe der Gastronomie und Hotellerie

Einsatzorte

- In Küchen, Kantinen, Cafeterien und Speisesälen
- In Bewohner- oder Gästezimmern
- Im Büro

Typische Handlungsfelder

- Personen verpflegen (Abb. 1)
- Flächen und Wohnumfeld reinigen und pflegen (Abb. 2)
- Textilien und Wäsche reinigen und pflegen (Abb. 3)
- Vorratshaltung und warenwirtschaftliche Abläufe organisieren
- Dienstleistungen planen, anbieten und erbringen (Abb. 4)

Notwendige Kompetenzen

- **01_1 Einfühlungsvermögen**
- **01_5 Kommunikationsfähigkeit**
- **02_14 Motivation/Leistungsbereitschaft**
- **02_15 Sorgfalt/Genauigkeit**
- **03_14 Selbstständiges Arbeiten**
- 02_19 Zuverlässigkeit
- 03_3 Arbeitsplanung
- 03_8 Organisationsfähigkeit
- 03_9 Pädagogische Kompetenz
- 03_20 Zeitmanagement

Alternative Berufe

- Fachkraft – Pflegeassistenz
- **Gebäudereiniger/in (B_18)**
- **Koch/Köchin (B_24)**
- Textilreiniger/in

Jetzt selbst einschätzen: *www.meine-berufserfahrung.de*
Jetzt testen lassen: *www.myskills.de*

Hochbaufacharbeiter/in

Video

Abb. 1

Abb. 2

Abb. 3

Abb. 4

Specialist/e i/e ndërtesave të larta | Специалист по високо строителство (м/ж)

Kvalificirani radnik/-ca za visokogradnju | Specjalista z zakresu budownictwa naziemnego

Lucrător în construcții civile și industriale | Робочий-будівельник (надземне будівництво)

Hochbaufacharbeiter/in

2-jähriger anerkannter Ausbildungsberuf in Industrie und Handwerk, der auf 3- bis 3,5-jährige Ausbildungen anrechenbar ist, z.B.:

- Beton- und Stahlbetonbauer/in
- Maurer/in
- Feuerungs- und Schornsteinbauer/in

Betriebe

- Hochbauunternehmen
- Betonbauunternehmen
- Betriebe für Schornstein- und Industrieofenbau
- Isolier- und Fassadenbauunternehmen

Einsatzorte

- Auf Baustellen im Freien

ggf. auch

- In Rohbauten

Notwendige Kompetenzen

- **01_10 Teamfähigkeit**
- **02_10 Körperliche Belastbarkeit**
- **02_14 Motivation/Leistungsbereitschaft**
- **02_19 Zuverlässigkeit**
- **03_16 Technische und handwerkliche Fertigkeiten**
- 02_5 Belastbarkeit
- 02_8 Flexibilität
- 02_15 Sorgfalt/Genauigkeit
- 03_11 Räumliches Denk-/Vorstellungsvermögen
- 03_14 Selbstständiges Arbeiten

Weiterbildungsmöglichkeiten

- Maurer- und Betonbauermeister/in
- Techniker/in – Bautechnik (Hochbau)
- Technische/r Fachwirt/in
- Werkpolier/in – Hochbau

Typische Handlungsfelder

- Einfache einschalige Baukörper erstellen (Abb. 1)
- Bauwerke erschließen (Abb. 2)
- Baukörper mit tragenden Funktionen herstellen (Abb. 3)
- Baukörper abdichten und dämmen
- Einfache Ausbauarbeiten durchführen
- Besondere Bauteile und Sichtmauerwerk herstellen (Abb. 4)

Alternative Berufe

- **Ausbaufacharbeiter/in (B_04)**
- **Bauten- und Objektbeschichter/in (B_06)**
- Beton- und Stahlbetonbauer/in
- Maurer/in
- **Tiefbaufacharbeiter/in (B_27)**

Jetzt selbst einschätzen: *www.meine-berufserfahrung.de*

Jetzt testen lassen: *www.myskills.de*

Industrieelektriker/in

Video

Abb. 1

Abb. 2

Abb. 3

Abb. 4

Elektricist/e industrial/e | Електротехник на индустриално оборудване (м/ж)

Industrijski/-a električar/-ka | Elektryk przemysłowy

Electrician industrial | Електрик у промисловості

Industrieelektriker/in

2-jähriger anerkannter Ausbildungsberuf in der Industrie, der auf 3- bis 3,5-jährige Ausbildungen anrechenbar ist, z.B.:

- Elektroniker/in – Betriebstechnik
- Elektroniker/in – Gebäude- und Infrastruktursysteme

Weiterbildungsmöglichkeiten

- Industriemeister/in – Elektrotechnik
- Techniker/in – Elektrotechnik

Betriebe

- Betriebe der Metall- und Elektroindustrie
- Betriebe der Automobilindustrie
- Betriebe des Anlagenbaus
- Energieversorgungsunternehmen

Einsatzorte

- In Werkstätten
- In Werkhallen

ggf. auch

- Vor Ort beim Kunden

Typische Handlungsfelder

- Komponenten und Betriebsmittel bearbeiten und montieren (Abb. 1)
- Elektrische Anlagen und Maschinen installieren (Abb. 2)
- Elektrische Anlagen, Maschinen und Geräte instand setzen (Abb. 3)
- Elektrische Anlagen, Maschinen und Geräte in Betrieb nehmen (Abb. 4)

Notwendige Kompetenzen

- **01_10 Teamfähigkeit**
- **02_15 Sorgfalt/Genauigkeit**
- **03_7 Mathematik-/Rechenfähigkeit**
- **03_14 Selbstständiges Arbeiten**
- **03_16 Technische und handwerkliche Fertigkeiten**
- 02_8 Flexibilität
- 02_9 Ganzheitliches Denken
- 02_14 Motivation/Leistungsbereitschaft
- 02_19 Zuverlässigkeit
- 03_1 Analyse- und Problemlösefähigkeit

Alternative Berufe

- Automatenfachmann/-frau
- **Elektroniker/in - Energie- und Gebäudetechnik (B_08)**
- Elektroniker/in – Betriebstechnik
- **Maschinen- und Anlagenführer/in (B_26)**
- Mechatroniker/in

Jetzt selbst einschätzen: *www.meine-berufserfahrung.de*
Jetzt testen lassen: *www.myskills.de*

Kfz-Mechatroniker/in

Video

Abb. 1

Abb. 2

Abb. 3

Abb. 4

Mekatronik/e automjetesh | Специалист по мехатроника (м/ж)

Automehatroničar/-ka | Mechatronik pojazdów mechanicznych

Mecatronist(ă) auto | Автослюсар-механтронік

Kfz-Mechatroniker/in

3,5-jähriger anerkannter Ausbildungsberuf in Industrie und Handwerk

Diese Karte bezieht sich auf die Fachrichtung Personenkraftwagentechnik.

Betriebe

- Reparaturwerkstätten
- Kraftwagenhersteller

Einsatzorte

- In Werkstätten und Fertigungshallen

Notwendige Kompetenzen

- **01_10 Teamfähigkeit**
- **02_15 Sorgfalt/Genauigkeit**
- **03_1 Analyse- und Problemlösefähigkeit**
- **03_14 Selbstständiges Arbeiten**
- **03_16 Technische und handwerkliche Fertigkeiten**
- 02_5 Belastbarkeit
- 02_13 Lernbereitschaft
- 02_17 Verantwortungsbewusstsein
- 02_19 Zuverlässigkeit
- 03_6 Kundenorientierung

Weiterbildungsmöglichkeiten

- Fachkraft – innovative Fahrzeugaufbereitung
- Kraftfahrzeugtechnikermeister/in
- Technische/r Fachwirt/in
- Techniker/in – Elektromobilität

Typische Handlungsfelder

- Standardisierte Service- und Wartungsarbeiten durchführen (Abb. 1)
- Verschleißbehaftete mechanische und elektrische Systeme instand setzen
- Mechanische und elektrische Systeme demontieren und montieren (Abb. 2)
- Mechatronische Systeme reparieren (Abb. 3)
- Fahrzeugsysteme mit Expertensystemen diagnostizieren (Abb. 4)

Alternative Berufe

- **Berufskraftfahrer/in (B_07)**
- Karosserie- und Fahrzeugbaumechaniker/in
- Kraftfahrzeugmechatroniker/in – Karosserietechnik
- Land- und Baumaschinenmechatroniker/in
- Metallbauer/in – Nutzfahrzeugbau

Jetzt selbst einschätzen: *www.meine-berufserfahrung.de*

Jetzt testen lassen: *www.myskills.de*

Klempner/in

Video

Abb. 1

Abb. 2

Abb. 3

Abb. 4

Hidraulik/e | Тенекеджия (м/ж)

Vodoinstalater/-ka | Blacharz

Tinichigiu | Водопровідник

Klempner/in

3,5-jähriger anerkannter Ausbildungsberuf im Handwerk

Weiterbildungsmöglichkeiten

- Dachdeckermeister/in
- Klempnermeister/in
- Techniker/in – Metallbautechnik
- Technische/r Fachwirt/in

Betriebe

- Handwerksbetriebe des Bauinstallationsgewerbes
- Betriebe des Lüftungsinstallationsbaus

Einsatzorte

- In Werkstätten
- Im Freien auf Baustellen (z.B. auf Dächern und an Fassaden)

Typische Handlungsfelder

- Passteile aus Feinblechen manuell und maschinell fertigen (Abb. 1)
- Werkstoffe fügen und verbinden (Abb. 2)
- Blechdächer und Fassaden montieren (Abb. 3)
- Regensichere Blechverkleidungen herstellen (Abb. 4)
- Dachentwässerung montieren

Notwendige Kompetenzen

- **01_10 Teamfähigkeit**
- **02_10 Körperliche Belastbarkeit**
- **02_19 Zuverlässigkeit**
- **03_11 Räumliches Denk-/Vorstellungsvermögen**
- **03_14 Selbstständiges Arbeiten**
- 02_8 Flexibilität
- 02_14 Motivation/Leistungsbereitschaft
- 02_15 Sorgfalt/Genauigkeit
- 03_1 Analyse- und Problemlösefähigkeit
- 03_16 Technische und handwerkliche Fertigkeiten

Alternative Berufe

- **Anlagenmechaniker/in – Sanitär-, Heizungs- und Klimatechnik (B_03)**
- Behälter- und Apparatebauer/in
- Fassadenmonteur/in
- Metallbauer/in – Konstruktionstechnik

Jetzt selbst einschätzen: *www.meine-berufserfahrung.de*
Jetzt testen lassen: *www.myskills.de*

Koch/Köchin

Video

Abb. 1

Abb. 2

Abb. 3

Abb. 4

Kuzhinier/e | Готвач/готвачка

Kuhar/kuharica | Kucharz

Bucătar/Bucătăreasă | Кухар

Koch/Köchin

3-jähriger anerkannter Ausbildungsberuf im Gastgewerbe

Betriebe

- Restaurants und Hotels
- Kantinen
- Krankenhäuser
- Pflegeheime
- Catering-Firmen
- Unternehmen der Nahrungsmittelindustrie (z.B. Hersteller von Fertigprodukten und Tiefkühlkost)

Einsatzorte

- In Küchen
- In Lager- und Kühlräumen

ggf. auch

- In Gasträumen
- In Büros

Notwendige Kompetenzen

- **01_10 Teamfähigkeit**
- **02_5 Belastbarkeit**
- **02_11 Kreativität**
- **02_15 Sorgfalt/Genauigkeit**
- **03_8 Organisationsfähigkeit**
- 02_8 Flexibilität
- 02_14 Motivation/Leistungsbereitschaft
- 02_17 Verantwortungsbewusstsein
- 02_19 Zuverlässigkeit
- 03_14 Selbstständiges Arbeiten

Weiterbildungsmöglichkeiten

- Betriebswirt/in (Fachschule) – Catering/Systemverpflegung
- Diätkoch/-köchin
- Küchenmeister/in
- Techniker/in – Lebensmitteltechnik (Küchentechnik)

Typische Handlungsfelder

- Spül- und Reinigungsarbeiten durchführen (Abb. 1)
- Salate und Vorspeisen vorbereiten und herstellen
- Beilagen und Suppen vorbereiten und herstellen (Abb. 2)
- Süßspeisen herstellen
- Fleisch- und Fischgerichte herstellen (Abb. 3)
- Küchenbetrieb leiten (Abb. 4)
- Im Service arbeiten

Alternative Berufe

- **Bäcker/in (B_05)**
- **Fachkraft – Lebensmitteltechnik (B_11)**
- Fleischer/in
- **Hauswirtschafter/in (B_19)**

Jetzt selbst einschätzen: *www.meine-berufserfahrung.de*
Jetzt testen lassen: *www.myskills.de*

Maschinen- und Anlagenführer/in

Video

Abb. 1

Abb. 2

Abb. 3

Abb. 4

Operator makinerish dhe impiantesh | Оператор на машини и съоръжения (м/ж)

Operator/-ka strojeva i postrojenja | Operator maszyn i instalacji

Mașinist de utilaje și instalații | Оператор машин та пристроїв

Maschinen- und Anlagenführer/in

2-jähriger anerkannter Ausbildungsberuf in der Industrie, der auf 3- bis 3,5-jährige Ausbildungen anrechenbar ist, z.B.:

- Fachkraft – Lebensmitteltechnik
- Industriemechaniker/in
- Werkzeugmechaniker/in

Betriebe

- Produktionsbetriebe nahezu aller Branchen

Einsatzorte

- In Werkstätten
- In Montage- und Fertigungshallen

Weiterbildungsmöglichkeiten

- Industriemeister/in – Metall
- Techniker/in – Maschinentechnik
- Technische/r Fachwirt/in
- Techniker/in – Mechatronik

Typische Handlungsfelder

- Werkstücke an Maschinen und Anlagen zerspanen und trennen (Abb. 1)
- Werkstücke an Maschinen und Anlagen umformen (Abb. 2)
- Werkstücke an Maschinen, an Anlagen und am Arbeitsplatz fügen (Abb. 3)
- Maschinen und Anlagen warten (Abb. 4)

Notwendige Kompetenzen

- **01_10 Teamfähigkeit**
- **02_7 Entscheidungsfähigkeit**
- **02_14 Motivation/Leistungsbereitschaft**
- **02_15 Sorgfalt/Genauigkeit**
- **03_14 Selbstständiges Arbeiten**
- 02_5 Belastbarkeit
- 02_13 Lernbereitschaft
- 02_19 Zuverlässigkeit
- 03_11 Räumliches Denk-/Vorstellungsvermögen
- 03_16 Technische und handwerkliche Fertigkeiten

Alternative Berufe

- Fachkraft – Metalltechnik (Montagetechnik)
- **Fachkraft – Metalltechnik (Konstruktionstechnik) (B_12)**
- Fachkraft – Metalltechnik (Zerspanungstechnik)
- **Verfahrensmechaniker/in – Kunststoff-/Kautschuktechnik (B_29)**

Jetzt selbst einschätzen: *www.meine-berufserfahrung.de*

Jetzt testen lassen: *www.myskills.de*

Tiefbaufacharbeiter/in

Video

Abb. 1

Abb. 2

Abb. 3

Abb. 4

Specialist/e i/e ndërtesave të thella | Специалист по подземно строителство (м/ж)

Kvalificirani radnik/-ca u niskogradnji | Specjalista z zakresu budownictwa podziemnego

Lucrător calificat în construcții de drumuri și canalizări | Робочий-будівельник (підземне будівництво)

Tiefbaufacharbeiter/in

2-jähriger anerkannter Ausbildungsberuf in der Industrie und im Handwerk, der auf 3- bis 3,5-jährige Ausbildungen anrechenbar ist, z.B.:

- Gleisbauer/in
- Kanalbauer/in
- Rohrleitungsbauer/in
- Straßenbauer/in

Betriebe

- Betriebe des Tiefbaugewerbes
- Betriebe der Wasserversorgung und Abwasserwirtschaft
- Unternehmen des Straßen- und Schienenverkehrs
- Kommunale Bauämter

Einsatzorte

- Im Freien auf Baustellen

Weiterbildungsmöglichkeiten

- Straßenbauermeister/in
- Techniker/in – Bautechnik
- Technische/r Fachwirt/in
- Werkpolier/in – Tiefbau

Typische Handlungsfelder

- Vermessungs- und Erdarbeiten durchführen (Abb. 1)
- Schächte setzen, Rohrleitungen verlegen und instand setzen (Abb. 2)
- Pflasterflächen herstellen (Abb. 3)
- Verkehrsflächen instand setzen (Abb. 4)
- Einfache Hochbauarbeiten durchführen

Notwendige Kompetenzen

- **01_10 Teamfähigkeit**
- **02_10 Körperliche Belastbarkeit**
- **02_14 Motivation/Leistungsbereitschaft**
- **02_15 Sorgfalt/Genauigkeit**
- **03_14 Selbstständiges Arbeiten**
- 02_8 Flexibilität
- 02_19 Zuverlässigkeit
- 03_3 Arbeitsplanung
- 03_11 Räumliches Denk-/Vorstellungsvermögen
- 03_16 Technische und handwerkliche Fertigkeiten

Alternative Berufe

- **Ausbaufacharbeiter/in (B_04)**
- **Gärtner/in – Garten- und Landschaftsbau (B_17)**
- **Hochbaufacharbeiter/in (B_20)**

Jetzt selbst einschätzen: www.meine-berufserfahrung.de
Jetzt testen lassen: www.myskills.de

Tischler/in

Video

Abb. 1

Abb. 2

Abb. 3

Abb. 4

Marangoz/e | Дърводелец (м/ж)

Stolar/-ka | Stolarz

Tâmplar | Тесляр

Tischler/in

3-jähriger anerkannter Ausbildungsberuf im Handwerk

Weiterbildungsmöglichkeiten

- Betriebsmanager/in – Bau- und Holztechnik
- Techniker/in – Holztechnik
- Tischler/in – Restaurierungsarbeiten
- Tischlermeister/in

Betriebe

- Tischlerhandwerk (z.B. in Bau- oder Möbeltischlereien)
- Hersteller von Möbeln, Holzwaren oder Holzkonstruktionsteilen

Einsatzorte

- In Lackier- und Maschinenräumen
- In Lagerräumen
- Auf Baustellen
- In Fertigungshallen
- Beim Kunden vor Ort

Typische Handlungsfelder

- Produkte an Holzbearbeitungsmaschinen herstellen (Abb. 1)
- Einfache Produkte in Einzelfertigung herstellen und zusammenbauen
- Oberflächen beschichten, lackieren und veredeln (Abb. 2)
- Möbel demontieren und montieren (Abb. 3)
- Bauelemente demontieren und montieren (Abb. 4)
- Wartungs- und Instandhaltungsarbeiten durchführen

Notwendige Kompetenzen

- **01_10 Teamfähigkeit**
- **02_11 Kreativität**
- **02_15 Sorgfalt/Genauigkeit**
- **03_6 Kundenorientierung**
- **03_16 Technische und handwerkliche Fertigkeiten**
- 02_8 Flexibilität
- 02_19 Zuverlässigkeit
- 03_3 Arbeitsplanung
- 03_7 Mathematik-/Rechenfähigkeit
- 03_14 Selbstständiges Arbeiten

Alternative Berufe

- **Fachkraft – Möbel-, Küchen- und Umzugsservice (B_13)**
- Holzbearbeitungsmechaniker/in
- Holzmechaniker/in
- Zimmerer/-in

Jetzt selbst einschätzen: *www.meine-berufserfahrung.de*

Jetzt testen lassen: *www.myskills.de*

Verfahrensmechaniker/in – Kunststoff-/Kautschuktechnik

Video

Abb. 1

Abb. 2

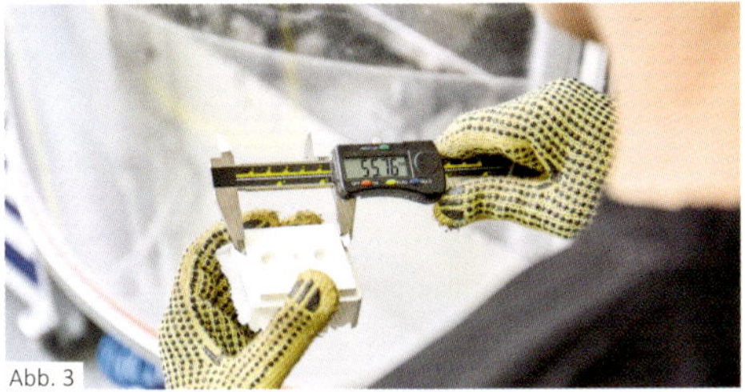
Abb. 3

Abb. 4

Mekanik/e procesi – teknologjia e materialeve plastike/kauçukut | Механик на технологични линии за производство на пластмаси и каучук (м/ж) | Procesni mehaničar/-ka – tehnologija plastike/kaučuka | Technolog procesów przetwórczych – tworzywa sztuczne i kauczuk | Mecanic de proces – materiale plastice/cauciuc | Налагодження технологічного обладнання Технологія пластику/гуми

Verfahrensmechaniker/in – Kunststoff-/Kautschuktechnik

3-jähriger anerkannter Ausbildungsberuf in der Industrie

Weiterbildungsmöglichkeiten

- Industriemeister/in – Kunststoff und Kautschuk
- Industriemeister/in – Papier- und Kunststoffverarbeitung
- Techniker/in – Kunststoff- und Kautschuktechnik
- Techniker/in – Maschinentechnik

Betriebe

- Betriebe der Kunststoff und Kautschuk verarbeitenden Industrie
- Betriebe der chemischen Industrie

Einsatzorte

- In Werk- und Produktionshallen

ggf. auch

- In Messlabors (am Computer)
- In Lagerräumen

Typische Handlungsfelder

- Formteile durch Spritzgießen herstellen
- Formteile durch Blasformen herstellen (Abb. 1)
- Halbzeuge durch Extrusion herstellen (Abb. 2)
- Formteile durch Pressen herstellen (Abb. 3)
- Bauteile durch Bearbeitung von Halbzeugen herstellen (Abb. 4)

Notwendige Kompetenzen

- **01_10 Teamfähigkeit**
- **02_14 Motivation/Leistungsbereitschaft**
- **02_15 Sorgfalt/Genauigkeit**
- **03_14 Selbstständiges Arbeiten**
- **03_16 Technische und handwerkliche Fertigkeiten**
- 02_8 Flexibilität
- 02_13 Lernbereitschaft
- 02_19 Zuverlässigkeit
- 03_1 Analyse- und Problemlösefähigkeit
- 03_7 Mathematik-/Rechenfähigkeit

Alternative Berufe

- Glaser/in – Fenster- und Glasfassadenbau
- Industriemechaniker/in
- **Maschinen- und Anlagenführer/in (B_26)**
- Mechaniker/in – Reifen- und Vulkanisationstechnik (Reifen- und Fahrwerktechnik)
- Packmitteltechnologe/-in

Jetzt selbst einschätzen: *www.meine-berufserfahrung.de*
Jetzt testen lassen: *www.myskills.de*

Verkäufer/in

Video

Abb. 1

Abb. 2

Abb. 3

Abb. 4

Shitës/e | Продавач (м/ж)

Prodavač/-ica | Sprzedawca

Vânzător | Продавець

Verkäufer/in

2-jähriger anerkannter Ausbildungsberuf im Handel, der auf 3- bis 3,5-jährige Ausbildungen anrechenbar ist, z.B.:

- Kaufmann/-frau – Einzelhandel

Weiterbildungsmöglichkeiten

- Betriebswirt/in (Fachschule) – Handel
- Fachwirt/in – Handel
- Fachwirt/in – Vertrieb im Einzelhandel
- Fachwirt/in – Wirtschaft

Betriebe

- Modehäuser
- Baumärkte
- Supermärkte
- Kaufhäuser
- Lebensmittelfachgeschäfte
- Versandhandel
- Vermietungs- und Verleihgewerbe
- Einzelhandelsunternehmen

Einsatzorte

- In Verkaufsräumen
- In Lager- und Kühlräumen

ggf. auch

- Im Freien, z.B. an Verkaufsständen und auf Freiflächen
- In Büroräumen

Typische Handlungsfelder

- Kassieren (Abb. 1)
- Bedienen, beraten und verkaufen (Abb. 2)
- Verkaufsfördernde Maßnahmen durchführen (Abb. 3)
- Warenwirtschaftliche Prozesse durchführen (Abb. 4)
- Im Kundenservice arbeiten

Notwendige Kompetenzen

- **01_5 Kommunikationsfähigkeit**
- **02_5 Belastbarkeit**
- **02_14 Motivation/Leistungsbereitschaft**
- **02_19 Zuverlässigkeit**
- **03_6 Kundenorientierung**
- 01_10 Teamfähigkeit
- 02_8 Flexibilität
- 02_15 Sorgfalt/Genauigkeit
- 03_8 Organisationsfähigkeit
- 03_14 Selbstständiges Arbeiten

Alternative Berufe

- **Fachverkäufer/in – Lebensmittelhandwerk (Bäckerei) (B_15)**
- Kaufmann/-frau – Einzelhandel
- Kaufmann/-frau – Groß- und Außenhandel
- Servicefachkraft – Dialogmarketing

Jetzt selbst einschätzen: *www.meine-berufserfahrung.de*
Jetzt testen lassen: *www.myskills.de*

Verstärkungskarten

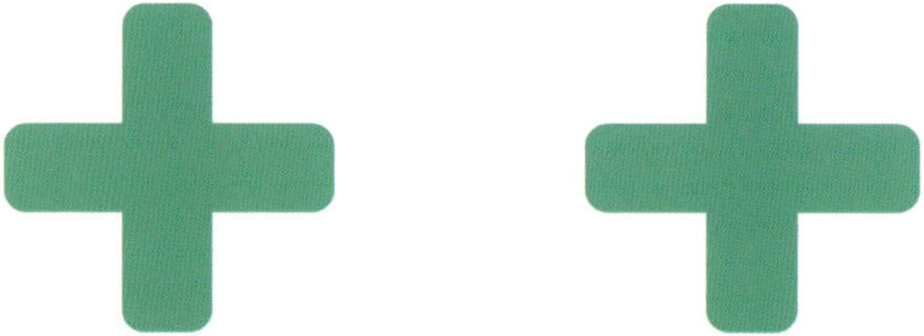

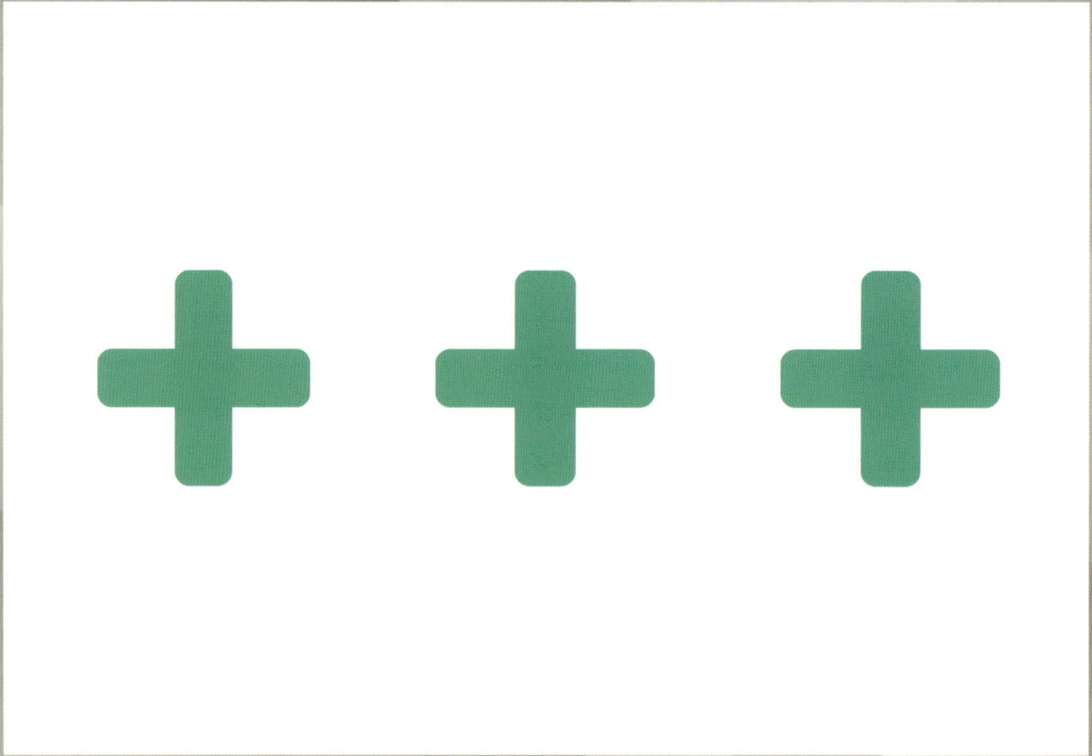

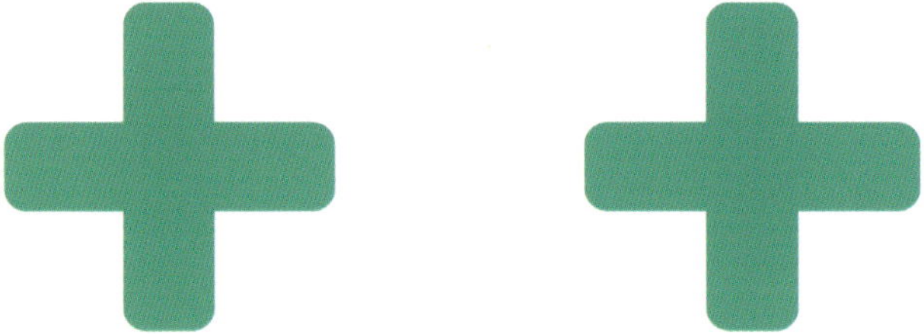

< 1 Jahr

Less than 1 year | < 1 an | menos de 1 año | 1 yıldan az

< 1 года | ካብ ሓደ ዓመት ንታሕቲ | أقل من سنة | پایین تر از یک سال

1–5 Jahre

1–5 years | Entre 1 et 5 an(s) | 1–5 años | 1–5 yıl arası

1–5 лет | ሓደ ክሳብ ሓሙሽተ ዓመት | من سنة إلى خمس سنوات | یک تا پنج سال

> 5 Jahre

More than 5 years | > 5 ans | más de 5 años | 5 yıldan fazla

> 5 лет | ዝያዳ ሓሙሽተ ዓመት | أكثر من خمس سنوات | پنج سال به بالا

Einsatz-szenarien

Einsatzszenario I

Berufsorientierung nach Interessen

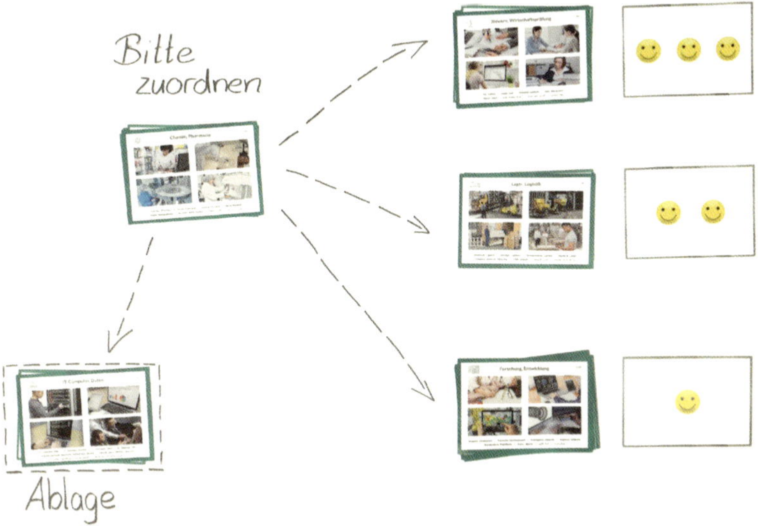

Wofür?

- Diese Einsatzoption dient einer ersten, groben Orientierung darüber, welche Tätigkeitsbereiche für den Klienten/die Klientin prinzipiell von Interesse sind.

Womit?

- Tätigkeitsbereichskarten, Smiley-Karten, Übersichtskarten und Dokumentationsvorlage

Wie?

1. Legen Sie alle oder eine Vorauswahl von Tätigkeitsbereichskarten auf einen Stapel.
2. Ordnen Sie die Smiley-Karten aufsteigend an und schaffen Sie Platz für einen Ablagestapel.
3. Bitten Sie den Klienten/die Klientin, die Tätigkeitsbereichskarten den Smiley-Karten bzw. dem Ablagestapel zuzuordnen. Die Zuordnung richtet sich danach, wie gern der Klient/die Klientin in diesem Bereich arbeiten möchte.
4. Fahren Sie nach Bedarf mit einem weiteren der aufgeführten Einsatzszenarien fort.
5. Übertragen Sie die Ergebnisse der Beratung nach Bedarf in die Dokumentationsvorlage.

Einsatzszenario II

Erstellung einer Erwerbsbiografie

Wofür?

- Dieses Szenario ermöglicht die Erfassung der beruflichen Erfahrung nach Ausmaß der erworbenen Kompetenzen und Dauer der bisherigen beruflichen Erfahrung.

Womit?

- Tätigkeitsbereichskarten, Zeit-Karten, Plus-Karten, Übersichtskarten und Dokumentationsvorlage

Wie?

1. Bilden Sie aus den Plus- und den Zeit-Karten ein Koordinatensystem.
2. Fragen Sie den Klienten/die Klientin danach, wie lange er/sie in einem Tätigkeitsbereich gearbeitet hat (in Jahren) und wie umfangreich seine/ihre Kompetenzen in diesem Bereich sind. Ordnen Sie die ausgewählten Karten entsprechend im Koordinatensystem an.
3. Ziehen Sie für konkrete Fragen des Klienten/der Klientin ggf. die Karte mit Verweisen zu Links und Anlaufstellen heran und recherchieren Sie nach Bedarf gemeinsam mit dem Klienten/der Klientin weiter.
4. Übertragen Sie die Ergebnisse der Beratung nach Bedarf in die Dokumentationsvorlage.

Einsatzszenario III

Berufsorientierung nach Präferenzen und Kenntnissen

Wofür?

- Diese Vorgehensweise berücksichtigt neben der Präferenz auch die Ausprägung von Kenntnissen und Fähigkeiten der Klienten/-innen in verschiedenen Tätigkeitsbereichen.

Womit?

- Tätigkeitsbereichskarten, Plus-Karten, Smiley-Karten, Übersichtskarten und Dokumentationsvorlage

Wie?

1. Bilden Sie aus den Smiley- und den Plus-Karten ein Koordinatensystem.
2. Fragen Sie den Klienten/die Klientin nach Interessen und Kenntnissen/Fähigkeiten im jeweiligen Tätigkeitsbereich. Ordnen Sie die Tätigkeitsbereichskarten entsprechend im Koordinatensystem an.
3. Stellen Sie die auf der Rückseite der Tätigkeitsbereichskarten vermerkten Beispielberufe vor.
4. Fahren Sie nach Bedarf mit dem Einsatzszenario Kompetenzcheck – Einzelberufe fort.
5. Übertragen Sie die Ergebnisse der Beratung nach Bedarf in die Dokumentationsvorlage.

Einsatzszenario IV

Kompetenzcheck – Einzelberufe

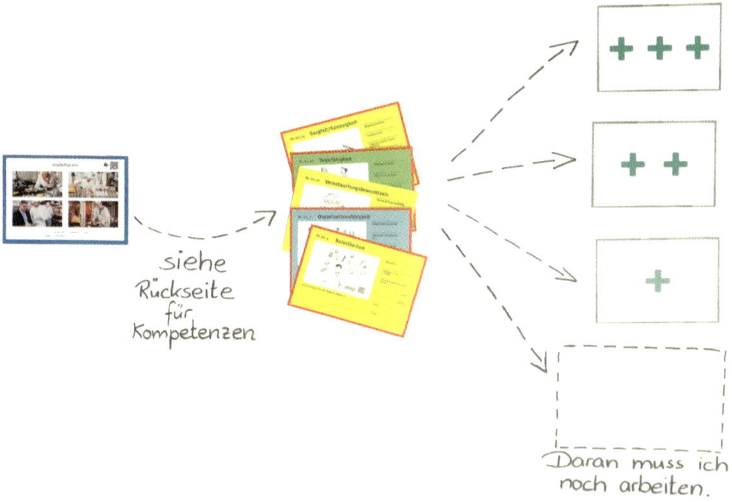

Wofür?

- Diese Einsatzmöglichkeit bietet sich an, wenn bereits ein konkreter Beruf seitens des Klienten/der Klientin fokussiert wird. Es kann überprüft werden, inwiefern notwendige Kompetenzen des Berufs bei dem Klienten/der Klientin vorhanden sind.

Womit?

- Einzelberufskarten, Kompetenzkarten, Plus-Karten, Übersichtskarten und Dokumentationsvorlage

Wie?

1. Ordnen Sie die Plus-Karten aufsteigend an und schaffen Sie Platz für einen Ablagestapel.
2. Wählen Sie eine für den Klienten/die Klientin passende Einzelberufskarte aus.
3. Fragen Sie den Klienten/die Klientin, inwiefern die für den Einzelberuf notwendigen Kompetenzen bei ihm/ihr ausgeprägt sind.
4. Ordnen Sie die Kompetenzkarten entsprechend den Plus-Karten zu. Kompetenzen, die weniger ausgeprägt sind, können zunächst beiseitegelegt und nachfolgend besprochen werden (Ablagefeld „Daran muss ich noch arbeiten.“).
5. Ziehen Sie für konkrete Fragen des Klienten/der Klientin ggf. die Karte mit Verweisen zu Links und Anlaufstellen heran und recherchieren Sie bei Bedarf gemeinsam mit dem Klienten/der Klientin weiter.
6. Übertragen Sie die Ergebnisse der Beratung nach Bedarf in die Dokumentationsvorlage.

Einsatzszenario V

Berufsorientierung nach Kompetenzen

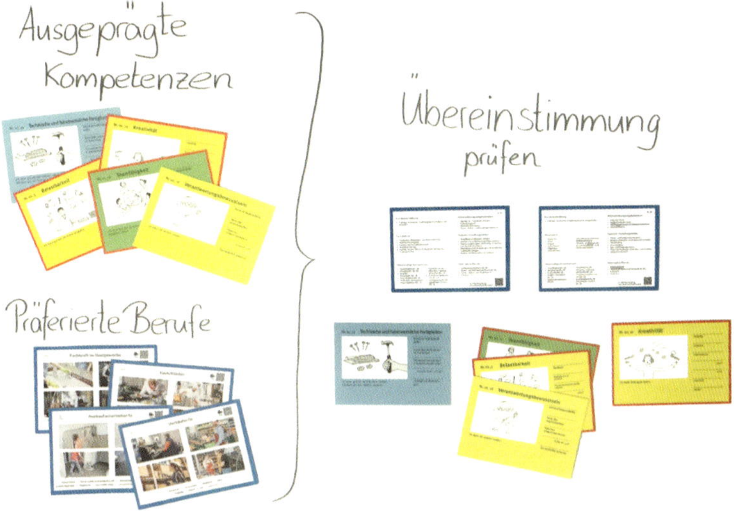

Wofür?

- Dieses Szenario bietet sich an, wenn ein oder mehrere konkrete(r) Beruf(e) seitens des Klienten/der Klientin fokussiert werden und bereits eine Kompetenzfeststellung durchgeführt wurde. Ausgehend von dem Ausmaß der Übereinstimmung lassen sich gezielt Einzelberufe bestimmen, die im weiteren Beratungsprozess besprochen werden können.

Womit?

- Einzelberufskarten, Kompetenzkarten, Übersichtskarten und Dokumentationsvorlage

Wie?

1. Identifizieren Sie mithilfe des Kompetenzkartensets diejenigen Kompetenzen, die beim Klienten/bei der Klientin besonders ausgeprägt sind.
2. Prüfen Sie anhand der Rückseiten der Einzelberufskarten, inwiefern die ausgeprägten Kompetenzen für die präferierten Berufe erforderlich sind (siehe Einsatzszenario Kompetenzcheck – Einzelberufe).
3. Gehen Sie genauer auf Einzelberufe ein, für die die größte Passung vorliegt.
4. Übertragen Sie die Ergebnisse der Beratung nach Bedarf in die Dokumentationsvorlage.

Einsatzszenario VI

Kurzauswahl Kompetenzen

Bitte max. 7 auswählen

Ausgeprägte Kompetenzen

Wofür?

- Diese Einsatzoption dient der Identifizierung jener Kompetenzen, die aus Sicht der Klienten/Klientinnen bei ihnen besonders stark ausgeprägt sind.

Womit?

- Kompetenzkarten

Wie?

1. Lassen Sie den Klienten/die Klientin aus dem Kompetenzkartenset bis zu sieben Kompetenzen auswählen, von denen er/sie meint, sie wären besonders stark ausgeprägt.
2. Fahren Sie nach Bedarf mit einem weiteren der aufgeführten Einsatzszenarien fort.
3. Übertragen Sie die Ergebnisse der Beratung nach Bedarf in die Dokumentationsvorlage.

Einsatzszenario VII

Umfangreiche Kompetenzanalyse

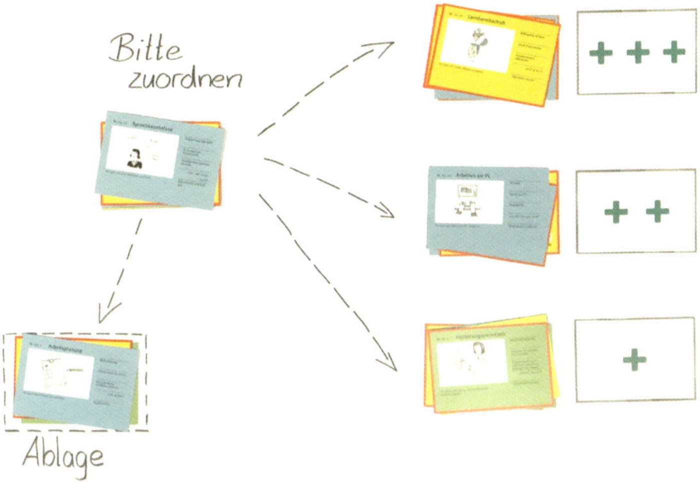

Wofür?

- Diese Einsatzoption ermöglicht eine Einschätzung, wie stark die jeweiligen Kompetenzen bei dem Klienten/der Klientin ausgeprägt sind.

Womit?

- Kompetenzkarten, Plus-Karten

Wie?

1. Legen Sie alle oder eine Vorauswahl von Kompetenzkarten auf einen Stapel.
2. Ordnen Sie die Plus-Karten aufsteigend an und schaffen Sie Platz für einen Ablagestapel.
3. Bitten Sie den Klienten/die Klientin, die Kompetenzkarten den Plus-Karten bzw. dem Ablagestapel zuzuordnen. Die Zuordnung richtet sich danach, wie stark die jeweilige Kompetenz beim Klienten/bei der Klientin ausgeprägt ist.
4. Fahren Sie nach Bedarf mit einem weiteren der aufgeführten Einsatzszenarien fort.
5. Übertragen Sie die Ergebnisse der Beratung nach Bedarf in die Dokumentationsvorlage.

Übersichts-
karten

Übersicht

Qualifikationsmöglichkeiten und Tätigkeitsbereiche

Schulische Ausbildungsberufe
Die schulischen Berufsausbildungen erfolgen ausschließlich in schulischen Einrichtungen (Berufsfachschulen, Berufskollegs, Fachakademien) in Form von Vollzeitunterricht.

Duale Ausbildungsberufe
Duale Berufsausbildungen finden an zwei Ausbildungsorten statt: Theoretisches Fachwissen wird in der Berufsschule vermittelt, praktische Kompetenzen und Fähigkeiten im Betrieb.

Geregelte Fortbildungen
Geregelte Fortbildungen umfassen die Weiterqualifikation in einem bestimmten Beruf.

Weiterbildungen auf Techniker- und Meisterniveau
Hierbei handelt es sich um Aufstiegsfortbildungen, welche mit einem angesehenen Zertifikat abschließen.

Akademische Berufe
Staatliche und private Universitäten und Hochschulen bieten zahlreiche Studiengänge an, die überwiegend dem Bachelor-Master-System folgen.

Bau,
Architektur,
Rohstoffe

Chemie, Pharmazie,
naturwissenschaftli-
che Laboranalyse

Einkauf, Lager,
Logistik, Verkehr

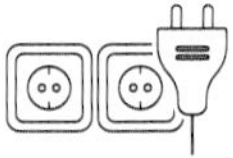

Elektro, Energie,
Ver- und Entsorgung

Forschung,
Entwicklung,
Konstruktion, Techni-
sches Zeichnen

Gastgewerbe,
Tourismus, Veranstal-
tungsmanagement,
Hauswirtschaft

Gesundheit,
Sport,
Körperpflege

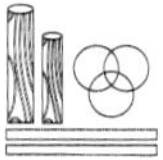

Holz, Papier,
Kunststoff,
Farben und Lacke,
Textil

IT, Computer,
Datenerhebung,
-analyse

Landwirtschaft,
Umwelt,
Lebensmittel

Medien, Kultur,
Gestaltung, Kunst

Metall,
Maschinen- und
Fahrzeugbau

Produktionsplanung
und -steuerung,
Qualitätssicherung,
Instandhaltung

Recht,
Steuern,
Wirtschaftsprüfung

Schutz und
Sicherheit,
Reinigung

Soziales,
Pädagogik

Wirtschaft,
Verwaltung,
Sprachen

Übersicht

Verstärkungskarten

prinzipielles Interesse/
Kann ich mir vorstellen.

großes Interesse/
Möchte ich gern tun.

sehr großes Interesse/
Möchte ich sehr gern tun.

+

fundamentale Kenntnisse/
Fähigkeiten/Kann ich etwas.

+ +

erweiterte Kenntnisse/
Fähigkeiten/Kann ich gut.

+ + +

Expertenkenntnisse/-fähigkeiten/
Kann ich sehr gut.

< 1 Jahr

weniger als ein Jahr
Erfahrung

1–5 Jahre

zwischen einem Jahr und
fünf Jahren Erfahrung

> 5 Jahre

mehr als fünf Jahre
Erfahrung

Anlaufstellen und Links

Benötigen Sie weitere und individualisierte Informationen zur beruflichen Weiterentwicklung? Hier finden Sie viele **verschiedene Informationen und Angebote der Agentur für Arbeit** auf einen Blick:

- https://ben.arbeitsagentur.de

Interessieren Sie sich näher für **Ausbildungs- und Tätigkeitsbeschreibungen**? Dann schauen Sie doch einmal hier vorbei:

- https://berufenet.arbeitsagentur.de

Wenn Sie einen **Einblick in die verschiedenen Berufsfelder oder in einzelne Berufe** bekommen möchten, dann schauen Sie sich doch ein paar **spannende Videos** auf folgender Webseite an:

- https://berufe.tv

Möchten Sie sich noch intensiver mit **passenden Berufsfeldern und Berufen** beschäftigen? Dann informieren Sie sich unter:

- http://portal.berufe-universum.de

Ihr Klient/Ihre Klientin hat bereits **Erfahrungen in einem bestimmten Beruf**? Unter dem folgenden Link kann er/sie spielerisch und anschaulich seine/ihre Vorerfahrungen mit typischen Anforderungen in Deutschland vergleichen.

- https://meine-berufserfahrung.de

Möchten Sie sich über **aktuelle Stellenangebote in Ihrer Nähe und für Ihren Beruf** informieren? In Deutschlands größtem Online-Jobportal „Jobbörse" ist sicherlich auch etwas für Sie dabei:

- https://jobboerse.arbeitsagentur.de

Sie benötigen weitere **Informationen zur beruflichen Anerkennung** in Deutschland und möchten wichtige Informationen zum Verfahren sammeln? Dann informieren Sie sich hier:

- https://www.anerkennung-in-deutschland.de/tools/berater/de/

Benötigen Sie genauere Informationen zum Thema **berufliche Anerkennung von im Ausland erworbenen Berufsabschlüssen**? Dann wenden Sie sich an eine der vielen Anerkennungs- und Qualifizierungsberatungsstellen oder informieren Sie sich unter:

- http://www.netzwerk-iq.de/anerkennung/beratung.html

Wenn Sie wissen möchten, ob ein **Hochschulabschluss** oder eine **ausländische Hochschule** in Deutschland anerkannt ist, dann besuchen Sie folgende Webseite:

- http://anabin.kmk.org/anabin.html

Wenn Sie wissen möchten, **ob ein im Ausland erworbener Berufsabschluss in Deutschland anerkannt wird oder Sie berufsspezifische Informationen**, zum Beispiel zu Fortbildungsangeboten, benötigen, wenden Sie sich an eine der berufsständischen Körperschaften (wie z.B. Ärztekammern, Handwerkskammern, Industrie- und Handelskammern).

Kartenübersicht

Einzelberufskarten

B_01 Altenpflegehelfer/in
B_02 Änderungsschneider/in
B_03 Anlagenmechaniker/in
B_04 Ausbaufacharbeiter/in
B_05 Bäcker/in
B_06 Bauten- und Objektbeschichter/in
B_07 Berufskraftfahrer/in
B_08 Elektroniker/in
B_09 Fachinformatiker/in
B_10 Fachkraft – Gastgewerbe
B_11 Fachkraft – Lebensmitteltechnik
B_12 Fachkraft – Metalltechnik
B_13 Fachkraft – Möbel-, Küchen- und Umzugsservice
B_14 Fachlagerist/in
B_15 Fachverkäufer/in – Lebensmittelhandwerk (Bäckerei)
B_16 Friseur/in
B_17 Gärtner/in
B_18 Gebäudereiniger/in
B_19 Hauswirtschafter/in
B_20 Hochbaufacharbeiter/in
B_21 Industrieelektriker/in
B_22 Kfz-Mechatroniker/in
B_23 Klempner/in
B_24 Koch/Köchin
B_25 Landwirt/in
B_26 Maschinen- und Anlagenführer/in
B_27 Tiefbaufacharbeiter/in
B_28 Tischler/in
B_29 Verfahrensmechaniker/in – Kunststoff-/Kautschuktechnik
B_30 Verkäufer/in

Tätigkeitsbereichskarten

T_01	Architektur
T_02	Bau
T_03	Chemie, Pharmazie
T_04	Einkauf
T_05	Elektro
T_06	Energie
T_07	Fahrzeugbau
T_08	Farben und Lacke
T_09	Forschung, Entwicklung
T_10	Gastgewerbe
T_11	Gestaltung
T_12	Gesundheit
T_13	Hauswirtschaft
T_14	Holz
T_15	Instandhaltung
T_16	IT, Computer, Daten
T_17	Konstruktion
T_18	Körperpflege
T_19	Kultur
T_20	Kunst
T_21	Kunststoff
T_22	Lager, Logistik
T_23	Landwirtschaft
T_24	Lebensmittel
T_25	Maschinenbau
T_26	Medien
T_27	Metall
T_28	Naturwissenschaftliche Laboranalyse
T_29	Pädagogik
T_30	Papier
T_31	Produktionsplanung und -steuerung
T_32	Qualitätssicherung
T_33	Recht
T_34	Reinigung
T_35	Rohstoffe
T_36	Schutz und Sicherheit
T_37	Soziales
T_38	Sport
T_39	Sprachen
T_40	Steuern, Wirtschaftsprüfung
T_41	Technisches Zeichnen
T_42	Textil
T_43	Tourismus, Veranstaltungsmanagement
T_44	Umwelt
T_45	Ver- und Entsorgung
T_46	Verkehr
T_47	Verwaltung
T_48	Wirtschaft

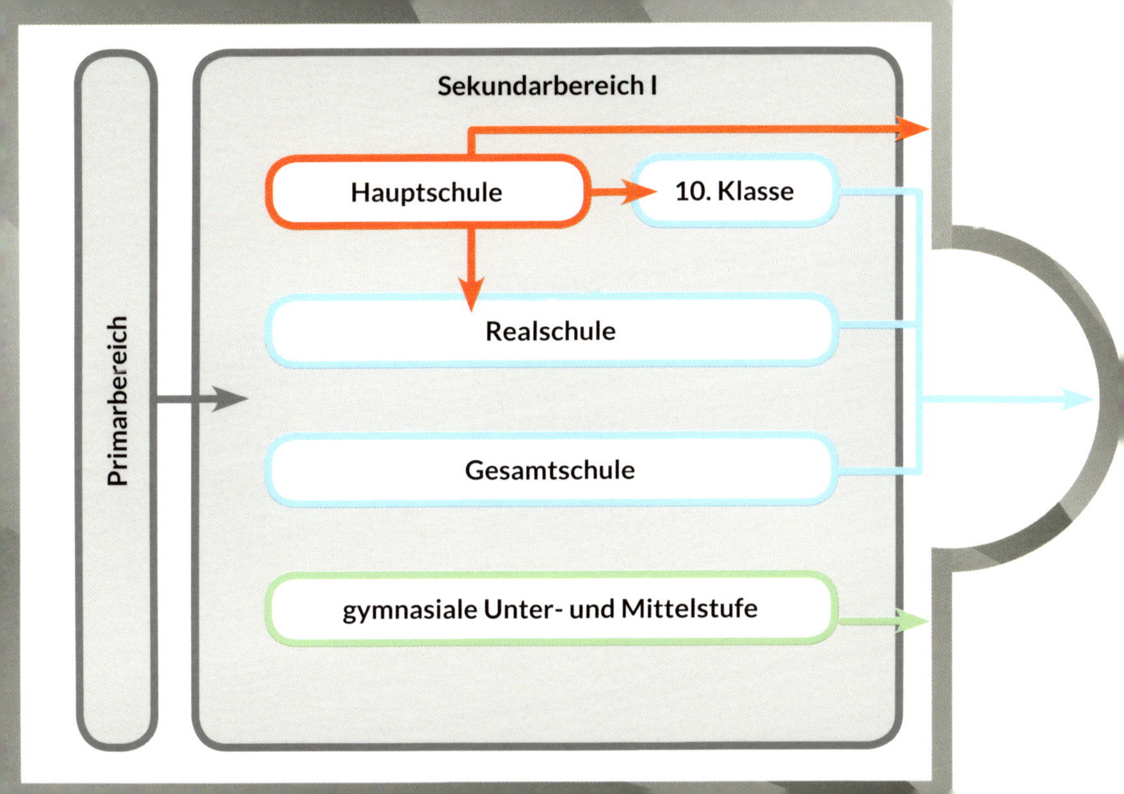
Sekundarbereich I
Hauptschule
10. Klasse
Realschule
Gesamtschule
gymnasiale Unter- und Mittelstufe
Primarbereich

Primarbereich & Sekundarbereich I

- **Grundschule:** umfasst die ersten vier bis sechs (in Berlin und Brandenburg) Schuljahre (kein Schulabschluss).

- **Hauptschule:** muss von allen Schulpflichtigen besucht werden, die nach dem Besuch der Grundschule nicht auf eine andere weiterführende Schule gehen. Sie vermittelt eine allgemeine Bildung als Grundlage für eine Berufsausbildung (Abschluss: Hauptschulabschluss).

- **Realschule:** ist eine weiterführende Schule, die den Zugang zur Berufsausbildung, zur Fachoberschule, zum Fachgymnasium oder zum Übergang auf ein Gymnasium ermöglicht (Abschluss: Realschulabschluss).

- **Gesamtschule:** ist eine weiterführende Schule, in der verschiedene Schularten in unterschiedlich organisierter und inhaltlicher Form zusammengefasst werden (Abschluss: Haupt- und Realschulabschluss, allgemeine Hochschulreife).

- **Berufliches Gymnasium/Fachgymnasium:** ist ein weiterführendes, dreijähriges berufsbezogenes Gymnasium, das auf einen Realschulabschluss oder einem gleichwertigen Abschluss aufbaut (Abschluss: allgemeine Hochschulreife; befähigt zum Studium an allen Hochschulen).

- **Gymnasium:** ist eine weiterführende allgemeinbildende Schule, die in der Regel 7 (Klassenstufe 7 bis 13), 8 (Klassenstufe 5 bis 12) oder 9 (Klassenstufe 5 bis 13) Klassenstufen umfasst (Abschluss: allgemeine Hochschulreife; befähigt zum Studium an allen (deutschen) Hochschulen).

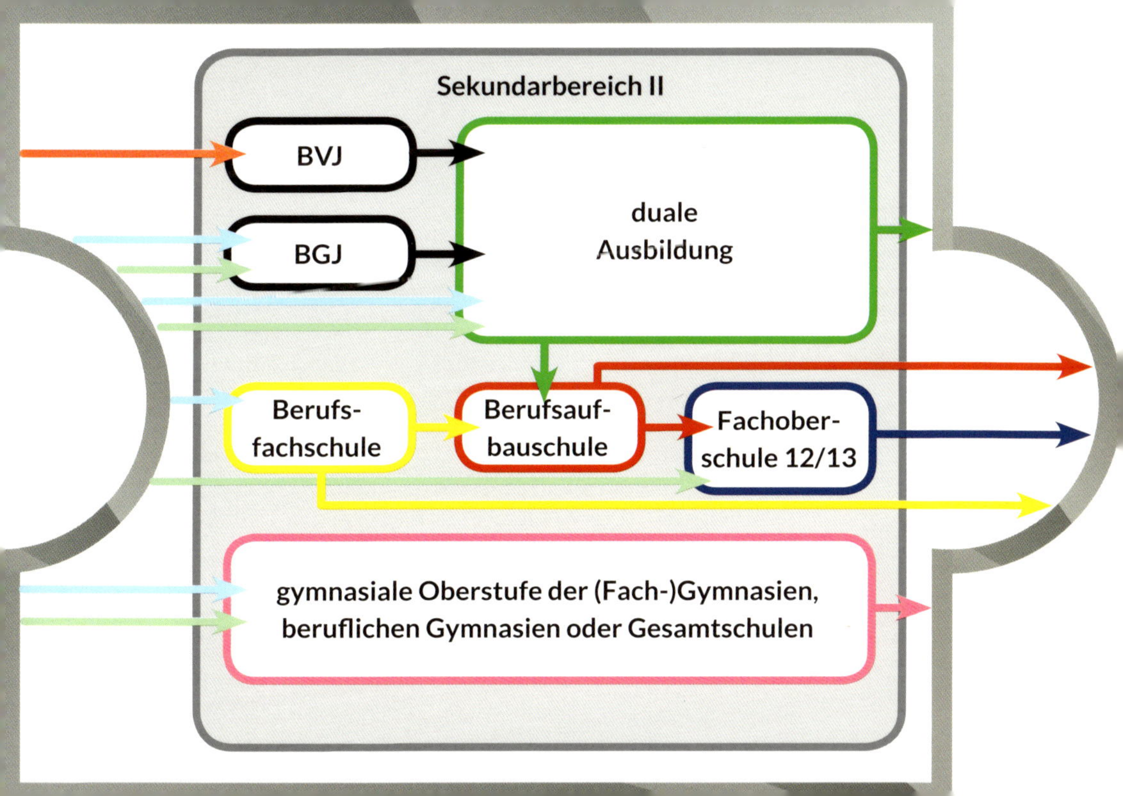
Sekundarbereich II
BVJ
BGJ
duale Ausbildung
Berufs-fachschule
Berufsauf-bauschule
Fachober-schule 12/13
gymnasiale Oberstufe der (Fach-)Gymnasien, beruflichen Gymnasien oder Gesamtschulen

Sekundarbereich II

- **Berufsvorbereitungsjahr (BVJ):** ermöglicht Jugendlichen ohne Ausbildungsvertrag, neben der Vorbereitung auf eine berufliche Ausbildung auch den Hauptschulabschluss nachzuholen.
- **Berufsgrundbildungsjahr (BGJ):** wird Jugendlichen mit Hauptschulabschluss angeboten. Es werden praktische und theoretische Kenntnisse in einem Berufsfeld vermittelt. Ein erfolgreicher Besuch des BGJ kann auf die Ausbildungszeit einer Berufsausbildung im dualen System angerechnet werden.
- **Duale Ausbildung:** umfasst allgemeinen und berufsbezogenen Unterricht in Teilzeitform in einer Berufsschule sowie einen praktischen Teil im Betrieb.
- **Berufsfachschule:** ist eine berufliche Schule, die auf einen Realschulabschluss oder einen gleichwertigen anerkannten Abschluss aufbaut. Bei Absolvierung eines mindestens zweijährigen Bildungsgangs kann unter bestimmten Voraussetzungen die Fachhochschulreife erworben werden. Sie ermöglicht in einer vollqualifizierenden Variante Abschlüsse in Gesundheits-, Pflege- und Sozialberufen.
- **Berufsaufbauschule:** ist eine berufliche Schule, die von Jugendlichen, die eine Berufsausbildung absolvieren oder bereits berufstätig sind, besucht wird (Abschluss: Fachschulreife; vergleichbar mit Realschulabschluss).
- **Fachoberschule:** ist eine weiterführende allgemeinbildende Schule, die auf den Realschulabschluss aufbaut oder es Absolventen mit einem Realschulabschluss und einer beruflichen Erstausbildung ermöglicht, unmittelbar in die Jahrgangsstufe 12 einzusteigen (Abschluss: Fachhochschulreife, fachgebundene oder allgemeine Hochschulreife; befähigt zum Studium an Fachhochschulen und unter bestimmten Voraussetzungen an allen (deutschen) Hochschulen).

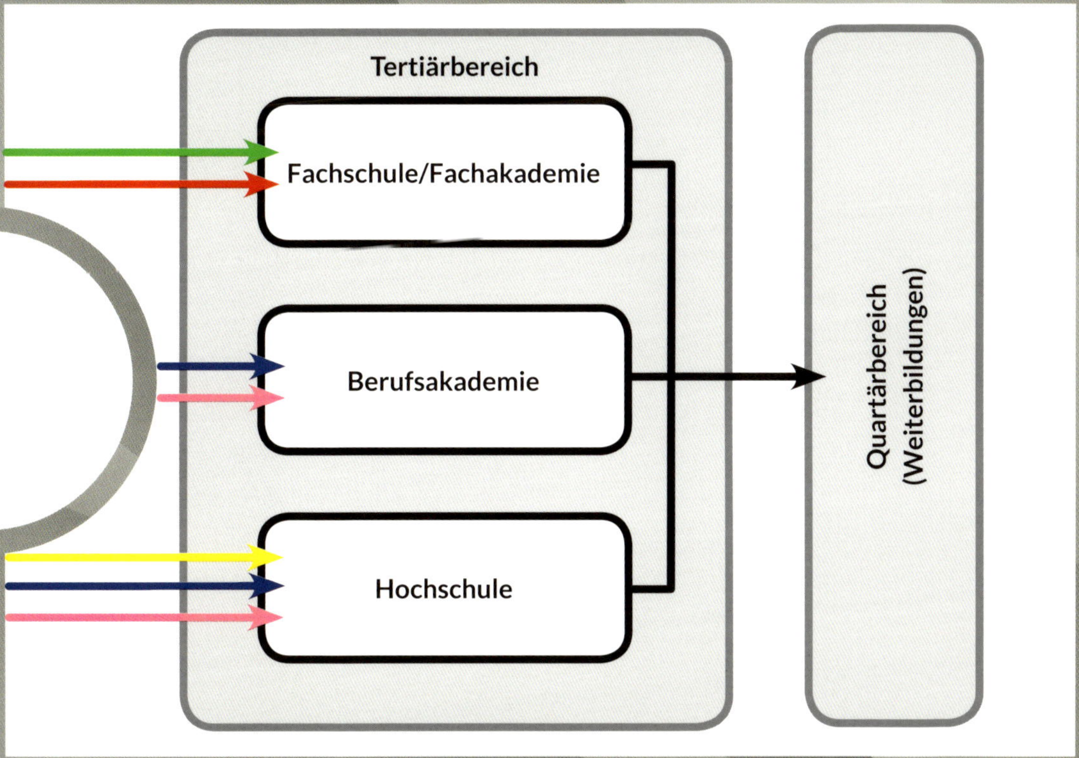
Tertiärbereich
Fachschule/Fachakademie
Berufsakademie
Hochschule
Quartärbereich
(Weiterbildungen)

Tertiär- & Quartärbereich

- **Fachschule:** kann nach einer abgeschlossenen Berufsausbildung und praktischen Berufserfahrungen besucht werden und vermittelt eine weitergehende fachliche Ausbildung im jeweiligen Beruf (z.B. Techniker- oder Meisterweiterbildungen).

- **Berufsakademie:** bietet ein wissenschaftliches Studium, verbunden mit einer praxisorientierten Ausbildung in einem Unternehmen (Abschluss: Bachelor).

- **Hochschule:** umfasst Universität, Technische Universität/Hochschule, Pädagogische Hochschule, Kunst- und Musikhochschule, Fachhochschule, Verwaltungsfachhochschule. Zu erwerben sind die jeweiligen Bachelor- und Masterabschlüsse (nur wenige Studiengänge führen zu alten Abschlüssen des Magisters oder Diploms).

- **Weiterbildung:** umfasst die Fortsetzung organisierten Lernens nach Abschluss einer ersten Bildungsphase (Deutscher Bildungsrat 1970).

✓ Es ist zu beachten, dass die Bildungspolitik in Deutschland im Verantwortungsbereich der Bundesländer liegt. Oftmals sind die verschiedenen Schulformen der Bundesländer inhaltlich ähnlich. Allerdings ist nicht jede Schulform in jedem Bundesland verfügbar.

✓ Die Informationen sind angelehnt an BIBB „Berufsbildung in Deutschland – Kurzbeschreibung", Thessaloniki (Pylea) 2007.

Doku-
mentations-
vorlagen

BERUFE KARTEN

Mittel- und südosteuropäische Ausgabe

Für die Berufs- und Migrationsberatung

Die Berufekarten bieten als modulares Bilderbuch der deutschen Berufslandschaft einen Überblick über typische berufliche Handlungs- und Tätigkeitsfelder übersetzt in sechs mittel- und südosteuropäische Sprachen (Albanisch, Bulgarisch, Kroatisch, Polnisch, Rumänisch und Ukrainisch). Sie dienen der beruflichen Orientierung sowie einer ersten Einordnung beruflicher Vorerfahrungen und erleichtern die Vermittlung in Praktikum, Arbeit und Qualifizierung. Insgesamt bilden sie auf 48 Tätigkeitsbereichskarten 156 Berufe ab und gehen mit 30 Einzelberufskarten detailliert auf derzeit besonders nachgefragte Berufe ein. Hierbei werden neben Kompetenzanforderungen, Alternativberufen und Weiterbildungsmöglichkeiten auch typische Handlungsfelder und Einsatzorte aufgeführt.

1. Auflage 2023

www.bertelsmann-stiftung.de/verlag

| **Verlag** Bertelsmann**Stiftung**

ISBN 978-3-86793-967-6

9 783867 939676

€ 12,00 [D]